ISBN: (Tapa blanda) 978-1533691019

ISBN: (Libro electrónico) 1533691010

MARÍN & VAILLARD
PIONEROS DE LA INDUSTRIA
CINEMATOGRÁFICA Y SU ÉPOCA

Daniel C. Narváez Torregrosa

A Samuel y Josué, por las horas robadas.

Índice.

INTRODUCCION.

"El hombre no vive únicamente su vida personal como individuo, sino que también, consciente o inconscientemente, participa de la de su época y de la de sus contemporáneos."

Thomas Mann. *La montaña mágica*

Las historias generales del cine español se iniciaron en la década de los años veinte con obras como la de Alfredo Serrano[1] en la que se efectuaba, de manera contemporánea a los hechos, un recorrido en la escasa historia del cine producido en España. A partir de los años cuarenta se redactaron las primeras historias generales[2] caracterizadas por emplear una metodología que en la actualidad ha dejado en evidencia numerosos errores y equívocos, pero que no obstante fueron punto de partida para posteriores investigaciones que han arrojado mayor información y rigor al contrastar la información con documentos de diversa índole[3].

A partir de la década de los ochenta la historiografía derivó hacia estudios parciales, realizados desde las distintas Comunidades Autónomas[4], de manera casi paralela al propio desarrollo de éstas, y

---

[1] SERRANO, A: *Las películas españolas. Estudio crítico analítico del desarrollo de la producción cinematográfica en España. Su pasado, su presente y su porvenir.* Ed. del autor, Barcelona, 1925.

[2] Se trata de las obras redactadas por CABERO, J A: *Historia de la cinematografía española (1896-1948).* Gráficas Cinema, Madrid, 1949; y MÉNDEZ LEITE VON HAFE; F: *Historia del cine español.* Rialp, Madrid, 1965.

[3] En este sentido destacan: VV.AA.: *Historia del cine español.* Cátedra (Colección Signo e Imagen), Madrid, 1995; y PÉREZ PERUCHA, J (ed.): *Antología crítica del cine español 1906-1995.* Cátedra-Filmoteca Española, Madrid, 1997. También en este sentido merecen ser destacadas las historias realizadas en nuevos formatos electrónicos: *Enciclopedia del Cine Español*, Micronet, Madrid, 1995; y *CINEMEDIA*, Canal+, SGAE; Madrid, 1996.

[4] Así se pueden mencionar por lo acertado de sus planteamientos: CABO, J L: *Cinematógrafos de Compostela: 1900-1986.* CGAI, Xunta de Galicia; Santiago de Compostela, 1992; FOLGAR DE LA CALLE, J M: *Aproximación a la historia del espectáculo cinematográfico en Galicia (1896-*

que desde la particular visión del hecho cinematográfico a pequeña escala se pudo ir concretando el panorama de la historia global del cine español.

No obstante, tanto el caso de las historias generales como en el de las de carácter local o autonómico, aun queda pendiente sistematizar la conexión del cinematógrafo con otras manifestaciones de carácter audiovisual que se ofertaban al público desde mediados del siglo XVIII en lo que se ha dado en llamar –de manera más o menos afortunada– precine.

Por lo que respecta a la aparición del cinematógrafo en la ciudad de Alicante y su posterior asentamiento como parte activa del ocio ciudadano y generadora de una actividad productora –ciertamente escasa– el panorama historiográfico sigue siendo muy escueto.

Por un lado, la historiografía regional no ha incidido con mayor fortuna en el tema, puesto que las referencias a la ciudad de Alicante han sido normalmente escasas[5].

En el ámbito local, durante las décadas de los 80 y 90 del siglo XX, se publicaron artículos periodísticos relacionados con la historia cinematográfica autóctona, como los de Luis Laguna Vizcaíno[6], Fernando Gil[7] y Francisco Moreno Sáez[8], trabajos que, dado su formato

---

1920), Universidad de Santiago, Santiago de Compostela, 1986; GAROFANO, R: *El cinematógrafo en Cádiz. Una sociología de la imagen (1896-1930)*. Cátedra Municipal de Cultura, Cádiz, 1986; GONZÁLEZ LÓPEZ, P: *Els anys daurats del cinema clàssic a Barcelona (1906-1923)*. Institut del Teatre de la Diputació de Barcelona/Edicions 62, Barcelona, 1986; JURADO ARROYO, R: *Los inicios del cinematógrafo en Córdoba*, Filmoteca Andalucía, Córdoba, 1997; MUÑOZ ZIELINSKI, M: *Inicios del espectáculo cinematográfico en la región murciana (1896-1907)*. Academia Alfonso X el Sabio, Murcia, 1985; PORTER MOIX, M: *Història del cinema a Catalunya*. Departament de Cultura, Generalitat de Catalunya, Barcelona, 1992; ZUNZUNEGUI, S: *El cine en el País Vasco*. Diputación Foral de Vizcaya, Bilbao, 1985.

[5] Las obras que han estudiado el tema desde el punto de vista "valenciano", entendido el término como unidad regional, de obligada consulta son: BLASCO, R: *Introducció a la història del cine en València*. Publicaciones del Archivo Municipal, Valencia, 1981, y VV.AA.: *Historia del cine valenciano*. Ed. Prensa Valenciana, Valencia, 1991.

[6] "Ochenta años de cine en Alicante", *Diario Información*, Alicante, 21 de noviembre de 1976, y "El cine llegó a Alicante en 1896", *Diario Información*, Alicante, 30 de noviembre de 1986.

[7] "El cine llegó hace casi un siglo" *Diario Información*, Alicante, 23 de agosto de 1985.

periodístico, no incidían en cuestiones de mayor interés como organización de la exhibición, programas, construcción de salas, etc[9].

De la misma manera, las historias generales de la ciudad y su provincia[10] ofrecían si acaso escuetas referencias al cinematógrafo, sobre todo en relación a la oferta cultural existente para el ocio ciudadano[11].

El punto de inflexión en esta coyuntura de escasos trabajos acerca de los primeros momentos del cinematógrafo, se alcanzó en 1996 cuando la conmemoración del primer centenario de la llegada del cine cristalizó en la publicación de número especial de la revista *Canelobre*, publicación del Instituto de Cultura Juan Gil Albert (Diputación Provincial de Alicante). En esta ocasión se ofreció una panorámica del cine desde 1896 hasta la actualidad. En relación a los primeros tiempos del cine en la ciudad se publican numerosos artículos que databan la llegada del cine en dos fechas (agosto y noviembre de 1896), se informaba de las primeras sesiones e incluso efectuaban una aproximación a la tipología y evolución arquitectónica de los edificios usados para el espectáculo cinematográfico[12]. Al mismo tiempo se incluían trabajos como los de Espí Valdés, Galiano Pérez o Maestre

---

[8] "La llegada del cine a Alicante", *Diario Información*, Alicante, 14 de marzo de 1996.

[9] En este sentido una primera aproximación lo constituye NARVÁEZ TORREGROSA, D C.: "Los inicios del cinematógrafo en Alicante" comunicación recogida en *Tras el sueño*. Actas del VI Congreso de la AEHC, Madrid, 1998; pág. 63 a 66.

[10] Destacan en este sentido: VV.AA. *Historia de la provincia de Alicante*. Ediciones Mediterráneo, Murcia, 1985-1988; y VV.AA. *Historia de Alicante*. Ayuntamiento de Alicante-Patronato del Quinto Centenario, Alicante, 1990.

[11] Es el caso de RAMOS, V en *Historia de la provincia de Alicante y su capital. Tomo II*. Excma. Diputación Provincial, Alicante, 1971; p. 161: «Al término de la última década del siglo, se autorizaron instalaciones provisionales de cinematógrafos ambulantes»

[12] Los artículos relacionados con el marco de estudio, señalados con criterio cronológico de la materia que trataban, fueron: NARVÁEZ TORREGROSA, D.C.: "Orígenes y desarrollo de la exhibición cinematográfica en Alicante. 1896-1931"; LAGUNA VIZCAÍNO, L: "Las primeras sesiones de cine en la ciudad de Alicante"; CLEMENTE, J.R.: "El cine alicantino visto a los ochenta años (1917-1930)"; MARTÍNEZ MEDINA, M: "Del cinematógrafo a los multicines: arquitectura para el séptimo arte en Alicante". Todos estos artículos publicados en *Canelobre* n° 35/36 Instituto de Cultura Juan Gil Albert (Alicante, 1997).

Martí que hacían lo propio para localidades como Alcoy, Orihuela y Petrer respectivamente.

Tras la publicación de *Los inicios del cinematógrafo en Alicante. 1896 – 1931* y a pesar de quedar abiertos muchos frentes en dicha obra, no se ha producido una continuación en investigaciones paralelas ni mucho menos, un debate en torno a la información presentada en dicho libro[13]. No obstante sus páginas han sido en algunos artículos periodísticos que se han limitado a hacer un desafortunado ejercicio de corta pega[14] o como mucho una reseña del libro[15]. La difusión parcial del contenido, por otro lado, ha sido reflejada también en blogs y páginas web de temas alicantinos, en la mayoría de los casos sin citar procedencia ni contrastar información. Un caso aparte, por su rigurosidad, es la web Alicante Vivo que ha incluido entre sus numerosas referencias, algunos artículos dedicados al cine tanto de sus orígenes como de épocas posteriores[16].

La única aportación digna de mención, que amplia algunos aspectos ya señalados en la obra de referencia, es el estudio realizado por Raquel Pérez del Hoyo acerca de la construcción del Salón Granados en el Barrio de Benalúa[17].

---

[13] De hecho, la obra de López García *Alicantinos en el cine, cineastas en Alicante* (Editorial Club Universitario – Fundación Centro de Estudios Ciudad de la Luz, San Vicente, 2011) cuya primera parte es un panorama histórico sobre el hecho cinematográfico, mantiene errores abandonados por la bibliografía académica desde hace años al tiempo que muestra un gran desconocimiento sobre la evolución de los primeros tiempos del cine.

[14] RUIZ, A: "El Cine en Alicante" *Diario Las Provincias*, Valencia 1 de febrero de 2009 y MARTÍNEZ, C: "Cine por 15 céntimos", *Diario Información*, Alicante, 20 de noviembre de 2011.

[15] MUÑOZ LORENTE, G: "En la oscuridad del cine" *Diario Información*, Alicante, 4 de noviembre de 2013.

[16] Baste destacar las publicaciones online de Rubén Bodewig Belmonte: "El cine en la ciudad de alicante". http://www.alicantevivo.org/2007/11/el-cine-en-la-ciudad-de-alicante.html; "Los cines de Alicante" http://www.alicantevivo.org/2007/01/historias-en-technicolor.html Juan J. Amores: "Una provincia de cine" http://www.alicantevivo.org/2007/12/una-provincia-de-cine.html

[17] PÉREZ DEL HOYO, Raquel: "Del teatro al cinematógrafo, documentación gráfica, barrio de Benalúa de Alicante". En: X Congreso Internacional de Expresión Gráfica aplicada a la Edificación, APEGA 2010, Alicante 2-4 de diciembre de 2010: libro de actas. Alcoy: Marfil; Alicante: Universidad de Alicante, Departamento de Expresión Gráfica y Cartografía, 2010.

Por todo lo anteriormente expuesto y habiendo quedado demostrado en su momento que Alicante fue una de las primeras ciudades de la geografía española en contar con una exhibición estandarizada y aportar, al mismo tiempo, las filmaciones de figuras pioneras, la reconstrucción de la actividad de los primeros cineastas autóctonos se revela de gran necesidad a la hora de historiar los inicios y el asentamiento del cine tanto como manifestación cultural –con referencias a aspectos estéticos y formales– como producto industrial: mecanismos de exhibición, producción, circuitos comerciales, etc.

El objetivo de este trabajo es contribuir a recrear esos primeros pasos del cine centrándose en la figura de dos de los pioneros que encontraron en el séptimo arte una nueva manera de concebir las relaciones comerciales, y, al mismo tiempo, una nueva forma de concebir y distribuir la cultura: el cartagenero José María Marín Albaladejo y el francés, afincado en España, Oscar Vaillard, conocido también por ser un reconocido fotógrafo.

Esta tarea de reconstrucción se ha llevado a cabo consultando los fondos documentales de los archivos de las principales localidades donde se ha constatado la presencia –y los negocios– de José María Marín y Oscar Vaillard, a saber: Cartagena, Águilas y Alicante. Tarea en ocasiones *non grata* debido a la falta de documentación destruida a lo largo de los conflictos que jalonaron la vida de estas poblaciones desde mitad del siglo XIX. Los archivos consultados han sido los siguientes: Archivo de la Zona Marítima del Mediterráneo (A. Z. M. M. – Cartagena), Archivo Municipal de Águilas (A. M. Ag.), Archivo Municipal de Murcia (A. M .M.), Archivo Municipal de Mazarrón (A. M. Mz.), Archivo Municipal de Alicante (A. M. A.), Archivo Municipal de Lorca (A. M. L.). Junto a la información encontrada en ellos también se ha podido consultar fondos digitalizados de Archives de l'Hérault y Releves Ardeéchois, ambos en websites de Francia.

La información se completado con datos localizados en diferentes hemerotecas tanto en formato papel como en bases de datos electrónicas. En este sentido ha sido de gran ayuda los fondos digitalizados de la Biblioteca Nacional de España en su sección de Hemeroteca Digital, los fondos de la Biblioteca Virtual de Prensa Histórica y de la Bibliothèque Nationale de France, así como los textos disponibles en Internet Archive – Digital Library de San Francisco (Estados Unidos) donde existe una amplia colección de libros técnicos contemporáneos al fenómeno de inicio y expansión de los espectáculos audiovisuales.

En el caso de los datos referidos a Oscar Vaillard ha sido de vital importancia, y vaya mi agradecimiento por adelantado, a José Manuel Collados Vaillard, nieto del pionero cinematográfico que con paciencia ha compartido información sobre su abuelo y su actividad en el mundo de la fotografía y el primer cine.

La estructura del presente trabajo se ha organizado atendiendo a los siguientes aspectos. En primer lugar se ofrece una referencia al marco geográfico de actuación de ambos pioneros, la franja costera Águilas – Alicante, analizándose aspectos sociales, culturales y económicos.

El siguiente apartado lo constituye una obligada referencia a la cultura audiovisual existente con anterioridad a la llegada del cinematógrafo. No hay que olvidar que la sociedad del siglo XIX estaba familiarizada con toda una serie de espectáculos y dispositivos ópticos y mecánicos que se utilizaban como complemento del incipiente ocio de masas. De esta manera, en el marco geográfico y social en el que vivieron Marín y Vaillard, fueron numerosos los casos de espectáculos de precine. Datar cuales fueron y sobre todo su impacto en la sociedad contemporánea explican en parte la fácil transición de los espectadores al espectáculo cinematográfico[18].

---

[18] NARVÁEZ TORREGROSA, D. C. – CERÓN J. F.: "Inicios del cinematógrafo en Valencia y Murcia" *Artigrama. Revista del Departamento de Historia del Arte* (Universidad de Zaragoza) n° 16 Zaragoza (2001). NARVÁEZ TORREGROSA, D. C.: "Una nueva percepción de la imagen: cine y sociedad en Alicante: 1896 – 1920" en VV. AA.: *La construcció del public dels primers espectacles cinematografics* Museo del Cinema Tomas Mallol – Ajuntament de Girona (España), 2003. NARVÁEZ TORREGROSA, D. C.: "La primera producción en Alicante y la Empresa Marín" en SAIZ VIADERO, J.: *Los primeros rodajes cinematográficos en España.* Consejería de Cultura, Santander, (España), 2005. NARVÁEZ TORREGROSA, D. C.: "Realizaciones cinematográficas en Alicante (1902 – 1903)" en RUIZ ROJO, J. (Coord.): *En torno al cine aficionado.* Diputación de Guadalajara, Guadalajara, 2007. NARVÁEZ TORREGROSA, D. C.: "La consolidación del espectáculo cinematográfico: Alicante (1902 – 1918)" en SAIZ VIADERO, J. R.: *La exhibición cinematográfica en España. De los barracones de feria a los palacios del cine.* Gobierno de Cantabria, Santander, 2009. NARVÁEZ TORREGROSA, D. C.: "José María Marín. Memoria de un cineasta" en LAHOZ RODRIGO, J. I: *A propósito de Cuesta. Escritos sobre los comienzos del cine español. 1896 – 1920.* Ediciones de la Filmoteca, Valencia, 2010.

En cuanto a la exhibición cinematográfica que se desarrollaba en estas dos poblaciones. Al respecto hay que decir que en el caso de Águilas se han datado nuevas exhibiciones de las ya existentes en la historiografía que se había centrado en la Región de Murcia[19]. Por otro lado, a la hora de presentar la exhibición en Alicante, dado la existencia de un anterior trabajo sobre el tema se ha optado por resumir brevemente la información existente[20].

El siguiente capítulo se detiene en la biografía de los dos personajes de estudio: Marín y Vaillard. A partir de la información existente se ha podido efectuar una reconstrucción fidedigna de los aspectos básicos de sus vidas.

Marín, que a la postre fue quien incursionó en el negocio del cine con más interés, desarrolló de manera previa una serie de negocios que ha sido necesario identificar y explicar en sucesivos apartados. En cualquier caso, al margen de éxitos y fracasos comerciales, explican en definitiva su talante por estar al día en cuestiones tecnológicas y en actividades comerciales relacionadas con la Modernidad como es el caso de la construcción de una línea de ferrocarril, el tendido de una línea eléctrica y la incursión –con gran acierto– en el negocio del

---

[19] CÁNOVAS BELCHÍ, J.T., CERÓN GÓMEZ, J.F. (Coord.), *Murcianos en el Cine*, Cajamurcia, Murcia, 1990. CÁNOVAS BELCHÍ, J.T., *Reinauguración del Cine Rex, 30 de Octubre de 1991*, Novograf, Murcia, 1991. CERÓN GÓMEZ, J.F. (Editor), *Revista Encuadre Estudios e Índices (1956-58)*. Recopilación y edición en facsímile, 2003. CERÓN GÓMEZ, J.F., "El cinematógrafo en Murcia (1896-1914)", en *Primeros tiempos del Cinematógrafo en España*. Coord. DE LA MADRID, J.C., 1996. CRESPO, A., *XXV Años de Cine Amateur en Murcia*, CAAM, Murcia, 1978. DE PACO NAVARRO, J. (Coord.), *Historia del Cinematógrafo de la Región de Murcia*, Semana de Cine Español de Mula, 2005. OLIVA, C., *Breve historia del Teatro Romea de Murcia*, Ayuntamiento de Murcia, Concejalía de Cultura y Festejos, Murcia, 1999. RUBIO GARCÍA, L., "Documentos para la historia del teatro en Murcia", en *Murgetana* Nº 94, pp. 73-87, 1997. MUÑOZ ZIELINSKI, M., *Inicios del Espectáculo Cinematográfico en la región Murciana*, Academia Alfonso X el Sabio, Murcia, 1985. VERA NICOLÁS, P., *Los comienzos del cine sonoro en Murcia* (Edición digital), Biblioteca Virtual Miguel de Cervantes, Alicante, 2002. VERA NICOLÁS, P., *Empresa exhibición cinematográfica en Murcia (1895-1939)*, Real Academia Alfonso X el Sabio, Murcia, 1991.
[20] NARVÁEZ TORREGROSA, Daniel C.: *Los inicios del cinematógrafo en Alicante. 1896 – 1931*, Filmoteca de la Generalitat Valenciana, Valencia, 2000.

turismo con la construcción del balneario España en la localidad de Águilas.

En cuanto a la actividad relacionada con el cinematógrafo, en un extenso capítulo se analiza los diferentes aspectos de la incursión de Marín en este negocio. Por un lado, Marín consolidó una red de distribución de cierta importancia que con sede en Alicante suministraba películas a diversas ciudades de la geografía española. Su faceta como exhibidor cinematográfico fue importante en su momento ya que se ha encontrado información que lo vincula a los inicios de la exhibición del cine en Águilas, y a la introducción de una dinámica estable y de características más que atractivas para el público en la ciudad de Alicante. Se ha podido constatar el interés de Marín por la innovación tecnológica al localizarse un par de patentes relacionadas con el empleo del cine para fines publicitarios, en consonancia con lo que sucedía en otros países del entorno europeo y en Estados Unidos. Por último, destacó la unión con Vaillard, quien ya había comenzado a filmar películas en 1903, para exhibirlas y distribuirlas dentro de las redes que poseía. Películas que por su temática y su filmación están en consonancia con los modelos temáticos establecidos por los hermanos Lumière y perpetuado durante algunos años por el noticiero Pathè.

Todo este trabajo es ilustrado con una serie de fotografías y planos que recogen por un lado aspectos de las poblaciones donde desarrolló su actividad Marín, y por otro se trata de documentos que vinculan a este pionero con los diversos campos de actuación en la economía aguileña y alicantina.

La redacción de estas páginas, deben mucho a la colaboración y ayuda de personas que me han ayudado en la redacción de este libro, a todas ellas les expreso mi más profundo agradecimiento. En especial, Eduardo Sánchez Abadie (Archivo Municipal de Lorca), quien desde el año 2000 hasta momentos antes de terminar este trabajo, ha ido pacientemente recopilando información y protocolos notariales referidos a José María Marín para que tuviera acceso a ellos. En el mismo sentido un agradecimiento especial a Pepi Navarro Martínez (Archivo Municipal de Águilas).

Al Servicio de Relaciones Públicas de la Armada y al personal del Archivo del Arsenal de Cartagena que tuvieron a bien atender la solicitud de información sobre el expediente del Balneario España construido por Marín y facilitaron el acceso a la documentación.

A Antonio Fidel Madrid, Librería Athenas (Cartagena), Manuel Morales (Cartagena), Reporter Foto (Águilas) a Nacho

Lahoz (Instituto Valenciano del Audiovisual y la Cinematografía) por sus diversas aportaciones, comentarios y sugerencias.

Burgos – Alicante, 2014

EL MARCO HISTÓRICO Y GEOGRÁFICO: AGUILAS – ALICANTE.

Las actividades cinematográficas del tándem José María Marín y Oscar Vaillard se desarrollaron en dos importantes núcleos de la vida económica del sudeste español: Águilas y Alicante. Ambas ciudades se encontraban inmersas en unos procesos de industrialización y despegue económico de cierta relevancia. Es por ello que se hace necesario aproximarse a estos dos núcleos urbanos para conocer el ambiente económico y social en el que vivieron los personajes objeto de este estudio.

Águilas.

Águilas, punto de inicio de esta historia, fue fundada en el siglo XVIII por un Real Decreto del rey Carlos III. No fue hasta llegado el siglo XIX cuando comienza el desarrollo de esta población, el cual se «cimenta sobre cuatro sólidos pilares: el puerto, el ferrocarril, las minas y el campo»[1]. Vinculada secularmente a los intereses económicos y políticos de la vecina ciudad de Lorca el año 1834 fue de vital importancia, puesto que es en esta fecha cuando se formó el primer Ayuntamiento de la población.

Durante este periodo la población fue objeto de un gran crecimiento, ya que en 1857 esta era de 8.499 habitantes y apenas iniciado el siglo XX se registraba la cifra de 15.868.

Este aumento de la población estuvo en consonancia con el despegue económico de la comarca, puesto que coincide con los inicios de la explotación de los yacimientos mineros, hecho que actuó como un imán atrayendo contingentes humanos de diversas regiones. En especial hubo una afluencia importante de familias procedentes de la provincia de Alicante, en concreto de las poblaciones de Villena, Villajoyosa, Torrevieja, Benidorm, Alicante, Elche y Guardamar.

Por otro lado, en un proceso paralelo a la explotación minera, se registra la incorporación a la población aguileña de comerciantes y

---

[1] VILAR, Juan Bautista: *Un siglo de protestantismo en España. Águilas – Murcia, 1893 – 1979.* Universidad de Murcia, 1979; Pág. 13.

técnicos procedentes de Gran Bretaña, los cuales tuvieron un importante papel en la vida económica e ideológica, tal y como demuestra la creación de un importante núcleo evangélico y la introducción de las ideas masónicas[2].

Con todo, el grueso de la población estaba formado por trabajadores del campo y mineros, seguidos en importancia por marineros y pescadores, y que como ocurría en otras poblaciones de España nutrían un porcentaje muy elevado del analfabetismo secular de estas clases sociales[3]. El resto de los habitantes lo formaban comerciantes y personal técnico de las minas.

Tradicionalmente, la riqueza de esta población estaba ligada a la producción agrícola basada en productos como el trigo y la cebada. El esparto fue el producto más importante y generador de una tradicional industria ligada a él[4].

A raíz del inicio de la actividad extractiva de minerales en la Sierra Almagrera (Almería), se realizaron prospecciones en las sierras que bordean Águilas y sus comarcas vecinas, a saber: Sierras del Cantar, Pinilla y Loma de Bas. Esta actividad comenzó a partir de la década de los años 40 del siglo XIX de modo que «transcurridos tres años, prácticamente se encuentran delimitadas en concesiones toda la superficie de las Sierras mencionadas»[5], comenzando así la explotación de los yacimientos de hierro, plomo y plata con una producción fluctuante a lo largo del tiempo.

Toda esta producción[6] estuvo en manos tanto de sociedades autóctonas – como *La Feliz* de capital aguileño, o la *Trinidad* de Cartagena – como otras de procedencia extranjera: *Anglo – Española, Figuera Le Roy, Reina Minning Company Limited* (de capital

---

[2] Esta peculiaridad es señalada por AYALA, J. A: *La masonería en la Región de Murcia*. Ed. Mediterráneo, Murcia, 1986; Pág. 163: «El caso de Águilas es singular dentro de la provincia de Murcia. Esta pequeña población costera fue sede de nada menos que dos logias y dos capítulos en el primer lustro de los años 80 del pasado siglo».

[3] Tomando como referencia el censo de 1887, más de un 80% de la población no sabía leer ni escribir.

[4] GARCIA ANTON, J: *Estudios históricos sobre Águilas y su entorno*. Academia Alfonso X el Sabio, Murcia, 1992; Pág. 458.

[5] VV.AA: *Minerales de la Región de Murcia*. Asociación A.D.N.C.P.M., La Unión, 1996; Pág. 128.

[6] Un estudio pormenorizado de este tema lo ofrece DIAZ MARTINEZ, L. En "La minería en Águilas" *Cuadernos de temas aguileños*, (Águilas) nº 5 (1999).

británico) y la *Compagnie d'Águilas* constituida en París en 1881 la cual aunque centraba su campo de acción en la provincia de Almería «paralelamente emprendería trabajos en Águilas, Loma de Bas y especialmente en Mazarrón»[7].

Debido a la importancia de esta actividad y al volumen de mineral procedente de toda la comarca, la villa de Águilas se convirtió en un punto estratégico vital para el transporte y exportación de los minerales. Así entre 1886 y 1890 se construyen dos elementos de primera necesidad para el tránsito de mercancías. En primer lugar el puerto, ideado por el ingeniero Luis Figuera y Silvela –vinculado a la Compañía Inglesa– recibió finalmente la autorización de ejecución por Real Decreto el 21 de marzo de 1879[8]. Las obras concluyeron en 1886. Por otro lado destacó el ferrocarril. El tendido y explotación de la red ferroviaria de Águilas se desarrolló en el marco de la creación de la línea Murcia – Granada y que llevada a cabo con capital británico, acabó en manos de la sociedad –también británica– *The Great Southern of Spain Railway Company Limited*, cuya concesión obtuvo por una Real Orden de 16 de noviembre de 1887[9]. Esta línea fue de gran utilidad para el transporte de la producción de la cuenca minera por la que transcurre, al tiempo que constituyó un medio indispensable para los desplazamientos turísticos que tenían como objetivo los balnearios aguileños[10].

Dentro de este proceso de despegue económico, hay que señalar la apertura de una sucursal del Banco de Cartagena el 1 de julio de 1900[11], ampliada en enero de 1904[12].

---

[7] GUILLEN RIQUELME, M: *Mazarrón 1900*. Ayuntamiento de Mazarrón, Mazarrón, 1997; Pág. 59 y ss.

[8] *Gaceta de Madrid*, Madrid, 22 de marzo de 1879.

[9] *Ibíd.*, 29 de noviembre de 1887. En cualquier caso, un estudio riguroso es la publicación de GRIS MARTÍNEZ, J en *The Great Souhtern of Spain Railway Company Limited. 1887 – 1936. Ferrocarriles de Lorca a Baza y Águilas*. Asociación Cultural Amigos del Ferrocarril, Águilas, 2000.

[10] *Gaceta Minera y Comercial*, Cartagena, 29 de julio de 1890 ofrece la siguiente información referida a este aspecto: «La compañía de FFCC Murcia – Granada por Lorca y Águilas anuncia precios especiales para transportes de viajeros para baños».

[11] *Ibíd.*, 29 de enero de 1901.

[12] *Ibíd.*, 12 de enero de 1904 señala: «El Banco de Cartagena ha inaugurado el día primero del actual, en Águilas, una nueva agencia, habiéndose encargado de la dirección de la misma D. Francisco Alcaraz y de la caja D. Francisco Félix Montiel».

Finalmente, como parte importante de la modernización de la población en relación con estas actividades económicas en el año 1902 se inauguró el tendido de luz eléctrica, suministrado – sucesivamente– por las compañías *La Levantina* y *La Electra Aguileña*.

Por las condiciones meteorológicas la población de Águilas fue un importante centro receptor del incipiente movimiento turístico que a mediados del XIX empezó a ser parte de la vida de las clases más pudientes. Es por ello que esta localidad recibía, durante los meses de verano, una afluencia de gentes procedentes de Murcia, Lorca y otras ciudades de la provincia[13] y del resto de España.

Junto a esta población estacional hay que sumar la presencia de la colonia inglesa que aportaron nuevas ideas en cuanto a formas de ocio se refiere entre las que destaca la creación del *Águilas Football Club*.

La presencia de todo este contingente se tradujo en la dotación de unas infraestructuras propias para el tiempo libre, de modo que a finales del siglo XIX Águilas contaba con numerosos cafés, salas de juego, casinos, y los imprescindibles balnearios[14].

En cuanto a la oferta cultural, desde el último tercio del XIX Águilas contaba con la presencia de los periódicos *El Eco de la Costa*, y desde 1880, cuando inicia la actividad periodística local Serafín Alarcón quien se afinca en esta población «procedente de Murcia en calidad de desterrado a consecuencia de la guerra cantonal»[15], el diario *El Puerto*; pocos años después él mismo fundó *El furgón de cola*, publicación que coincide con las obras del ferrocarril.

---

[13] Recoge el diario *Heraldo de Murcia* (1 de julio de 1898) una estampa propia del veraneo en Águilas: «Con la proximidad de la temporada de baños empieza esta villa a tomar la animación que le es propia en tal época. La colonia lorquina ha empezado a instalarse frente a la plaza de Poniente y son bastante las familias de Cuevas, Vélez y otros pueblos los que tienen pedidos habitaciones».

[14] Sirva como ilustración del ambiente estival este artículo publicado en *El Liberal*, Murcia, 6 de agosto de 1907: «por hoy no se ocupa en Lorca de otra cosa que de la emigración y de los balnearios. De estos últimos ninguno tan favorecido como el de Águilas. Puede asegurarse que la prospera villa se transforma en una importantísima colonia lorquina».

[15] DIAZ MARTINEZ, L: "Historia de Águilas" *Cuadernos de temas aguileños* (Águilas) nº 6 (2000); ppág. 61.

No obstante el protagonismo de la cultura aguileña lo tuvo el teatro, con sus más diversas representaciones: comedias, zarzuelas, sainetes, etc. Toda esta actividad se desarrolló en los diversos recintos que se construyeron en la villa, algunos tuvieron carácter permanente y otros no fueron más que barracones estacionales que coincidían con las fiestas locales.

En cualquier caso los teatros más importantes, tal y como señala Cerdán Casado[16], fueron el Teatro de la Caridad, fundado en 1830; el Teatro Circo reconvertido en 1904 como Teatro Lanuza, el Teatro Romero inaugurado en 1883, y por último el Teatro España, el cual se analizará más adelante por pertenecer a los negocios de José María Marín.

Alicante.

A partir de 1907, la historia de Marín se desarrolló en la ciudad de Alicante. Ciudad que desde mediados del siglo XIX había sido objeto de una serie de reformas urbanas y sociales motivadas por el desarrollo del comercio de ultramar de su puerto.

Al mediar la segunda mitad del siglo XIX la población inició un lento pero constante proceso de crecimiento, roto únicamente por un brote de fiebre amarilla en 1870. Esta tendencia alcista se mantuvo igualmente en el siglo XX, con excepción de una epidemia de gripe registrada en el año 1918 y que tuvo consecuencias devastadoras. El año 1905 marcó el inicio de un descenso en las tasas de mortalidad y natalidad, a la par que aumentó la esperanza de vida, hechos que se tradujeron en un envejecimiento de la población. No obstante, a partir de 1920 se produjo una reactivación en el crecimiento de la población.

Por otro lado, si bien es cierto que Alicante experimentó de manera continua un fluir de sus pobladores hacia el Norte de África y el sur de Francia, este flujo migratorio no tuvo un carácter permanente, puesto que dependía de las actividades agrícolas temporales desarrolladas en estos puntos. Por otra parte, la ciudad ejercía una fuerte atracción en las localidades colindantes, de manera que, ya en el siglo XX, se inició una corriente inmigratoria continua y cada vez en mayor número cuyo punto de destino era esta ciudad[17].

---

[16] CERDAN CASADO, A: *Historiografía del teatro en Águilas.* Ayuntamiento de Águilas, Águilas, 1986; Pág. 41 y ss.
[17] En relación a la evolución de la población alicantina cabe destacar el riguroso estudio realizado por RAMOS HIDALGO: *Evolución urbana de*

El desarrollo comercial iniciado en el siglo XIX desembocó en la aparición de dos sectores sociales claramente diferenciados. Las décadas finales del XIX, cuyo punto representativo fue la firma del tratado comercial con Francia en 1882, marcó el auge de una burguesía comercial constituida por una serie de familias dedicadas al comercio y actividades liberales y con clara vocación por ejercer cargos públicos en el Ayuntamiento, en diversos órganos de la vida mercantil e incluso en la vida pública nacional. En definitiva, constituían una clase que «ejercían su poder mediante una serie de organizaciones de tipo económico y a través del tinglado del caciquismo político»[18].

El vehículo propicio para dar rienda suelta a estas aspiraciones de poder lo constituían entidades como la Cámara de Comercio, el Sindicato de Exportadores de Vino, la Cámara Oficial de la Propiedad Urbana, etc; todas ellas de marcado carácter conservador y que no dudaron en demostrar su adhesión a la dictadura de Primo de Rivera.

En contraste con la burguesía, la población obrera se vio sometida a constantes crisis. La población trabajadora de Alicante, en el período de final del siglo XIX y principios del XX, estaba formada en su gran mayoría por jornaleros relacionados con las actividades portuarias, el sector de la construcción, la Fábrica de Tabacos y las de conservas, además de distintos oficios y servicios.

Las condiciones de trabajo a las que estaban sometidos eran precarias: trabajo a destajo o de temporada, salarios escasos[19], etc; junto a ello, los lugares de trabajo solían ser inseguros y dominados por la falta de higiene, entorno que favorecía frecuentes accidentes de trabajo.

Por otro lado, las condiciones que caracterizaban los barrios obreros no distaban mucho de lo anterior: viviendas insalubres y falta de condiciones higiénicas eran la norma habitual. A ello se sumaba unos hábitos alimenticios pobres, por lo que en su conjunto estos

---

Alicante. Instituto Juan Gil Albert, Alicante, 1984.

[18] MORENO SAEZ. F: "La ciudad en el primer tercio del siglo XX", en *Historia de Alicante.* Patronato V Centenario, Alicante, 1990; Pág. 613.

[19] En relación a los salarios de los obreros, la prensa de la época señalaba lo siguiente: «Lo que cobran muchos obreros por la jornada de diez horas: 2 pesetas 50 céntimos diarios. Las subsistencias y en general todos los artículos de primera necesidad, han aumentado en sus precios un 50 por ciento lo menos; y algunos el cien por cien» (*El Luchador*, Alicante, 12 de noviembre de 1917).

barrios eran focos de frecuentes epidemias y donde se registraban más altos índices de mortalidad.

Otra realidad a la que estaban sometidos los obreros era la elevada tasa de analfabetismo existente que contrastaba con la indiferencia de las autoridades. La solución, parcial, para erradicarla partió de las propias filas obreras que organizaban clases nocturnas en la Casa del Pueblo y el Centro de Sociedades Obreras.

Con todo, en los inicios del siglo XX comenzó la organización obrera en la esfera de Unión General de Trabajadores encontrando voz para la expresión de sus predicados en el semanario *El Mundo Obrero*; generándose a partir de este momento una importante lucha social[20].

Desde finales del XIX la vida económica de la ciudad estaba ligada al comercio portuario y a la producción de la huerta alicantina, especialmente la vid y su producción vinícola, por lo que los esfuerzos de la burguesía comercial estuvieron encaminados en estos sectores productivos en detrimento del papel de la industria, la cual tuvo un escaso desarrollo[21].

No sorprende, en consecuencia, que las mayores industrias –en general refinerías de petróleo y del sector químico– fueran de capital extranjero: *Deutch Cia.* y *Fourcade – Provot*. No obstante existían establecimientos de cierta categoría como la Fábrica de Tabacos que, iniciado el siglo XX, se vio sometida a un proceso de mecanización con la consiguiente reducción de mano de obra. Le seguía en importancia la fábrica de conservas *Las Palmas*, que al igual que la anterior, absorbía mano de obra de las localidades vecinas. Junto a estas instalaciones fabriles existía una generosa variedad de industrias dedicadas a la cerámica –*El Sol*, *La Cerámica Alicantina*–, las fundiciones –*Aznar e Hijos*–, los abonos –*Cros*–, fábricas de hilos, yute, toneles –vinculados a la exportación vinícola–, etc.

---

[20] Como señala MORENO SAEZ (op. cit. pág. 619) «una fuerte represión gubernamental, la resistencia de los patronos en una época de recesión y las aspiraciones auténticamente revolucionarias de muchos obreros hicieron de Alicante en esos años que van de 1919 a 1922 una ciudad muy conflictiva socialmente».

[21] Señala GUTIÉRREZ LLORET, R.A en "La época de la Restauración" (*Historia de Alicante*. ed. cit. pág. 554): «la burguesía alicantina mostró escaso interés por la inversión industrial, prefiriendo, sin duda, la reinversión en el comercio y la agricultura de exportación o la colocación de capitales en deuda pública, compañías ferroviarias y en la especulación urbana».

El puerto de Alicante, considerado en su momento como el cuarto en importancia de España, en razón al volumen de su comercio de cabotaje, era el foco principal desde donde se exportaban productos como sal, conservas, cerámicas, productos agrícolas y, de manera especial, vino. El principal destino de su exportación era Francia y sus colonias del Mediterráneo, siguiendo en importancia Cuba, Estados Unidos y diversos países de Sudamérica. El comercio de cabotaje se realizaba con puertos como Barcelona, Cartagena y Sevilla.

El volumen de actividad en el puerto experimentó un considerable descenso primero como consecuencia de la crisis del sector vinícola de finales del XIX y posteriormente con el estallido de la Gran Guerra y las consecuencias que para el comercio marítimo tuvo la virulenta guerra submarina desarrollada por los imperios centrales en las riberas mediterráneas.

Dado que el comercio era la base económica de la ciudad, en Alicante se podían contabilizar gran número de almacenistas, agentes de aduanas y cambistas aglutinados en la Cámara de Comercio y el Círculo Unión Mercantil. A partir de 1920 se instalaron en la ciudad sucursales del Banco Hispano Americano (1919), Banco Español de Crédito (1921) y Banco Central (1922) que junto a las entidades financieras ya existentes –Banco de España y Caja de Ahorros– reactivaron las finanzas de la ciudad.

El proceso por el que la ciudad de Alicante se dotó los servicios básicos fue lento y trabajoso. Coincidiendo con la expansión de la ciudad, a finales del XIX se iniciaron las reformas pertinentes para dotar a la ciudad de agua potable, y alumbrado público, que en un principio fue de gas y más tarde fue sustituido por el eléctrico, instalación de redes de transportes, etc. Así, en julio de 1893 se inauguró la primera línea de tranvía con recorrido urbano; y, ya en 1902, se estableció la línea Alicante–Muchamiel por medio de tranvías de mulas. Por último, en 1904 se creó la línea que unía la ciudad con la localidad de San Vicente del Raspeig. La electrificación de los tranvías no se produjo hasta el año 1923.

El año 1903 marcó el inicio de las obras para construir carreteras para ser usadas por los cada vez más numerosos automóviles, siendo el tramo más importante el que unía Alicante con la vecina ciudad de Alcoy.

De la misma manera que el puerto era punto clave para el comercio de alicantino, la existencia de unas redes ferroviarias que unieran la ciudad con el resto del país se reveló de vital importancia. De esta manera la producción vinícola de La Mancha encontraba salida gracias a la línea Madrid–Alicante. Por otra parte, las líneas de ferrocarril que enlazaban con Andalucía servían para el tránsito de mercancías de la Vega Baja y Murcia. El auge del ferrocarril llevó al establecimiento de la conexión entre Alicante y Altea, incorporando así la zona norte de la provincia a la vida portuaria y comercial de Alicante. Por último, dentro de la diversidad de comunicaciones, Alicante desde 1915 era escala de los vuelos que realizaban la ruta Francia–Marruecos.

En cuanto a la cultura del ocio el día a día de los alicantinos estaba amenizado por toda una serie de manifestaciones que abarcaban tanto aspectos lúdicos como culturales, pudiéndose sintetizar al respecto que los alicantinos «fueron unos prolíficos escritores, unos animosos periodistas, unos asiduos espectadores teatrales y lectores de novelas; y, en definitiva, unos participes de esa cultura decimonónica tan volcada hacia un periodismo y una literatura que por primera vez en la historia fueron la expresión de la participación en el mundo cultural de amplios sectores sociales»[22].

La amplia panoplia de tendencias literarias fueron atendidas sin reservas en una ciudad que seguía la producción de autores como Zorrilla o Pérez Galdós con gran interés, a la vez que figuras autóctonas –como Nicasio Camilo Jover y José Pastor de la Roca– contribuían a engrosar la oferta literaria dentro de las tendencias existentes.

Junto a ello, el Teatro Principal –inaugurado en 1847– se convirtió en centro de una actividad cultural variada con representaciones de teatro, ópera, zarzuelas, etc.

Paralelamente, entidades como la Sociedad Literaria de Alicante, el Ateneo Cultural, la Sociedad Económica de Amigos del País, o el Casino, contribuyeron de distinta manera a difundir la cultura en sus más diversas manifestaciones.

El nuevo siglo introdujo una diversificación, aún mayor, en las manifestaciones culturales y en su oferta, de modo que junto a las ya existentes, proliferan los teatros de barrio, las funciones organizadas en la Casa del Pueblo, y la creación de asociaciones musicales como La Wagneriana, el Coro Progreso y el Orfeón Alicante.

Por otro lado los habitantes de la ciudad encontraban, también, una serie de actividades lúdico festivas en las que ocupar su tiempo libre al margen de las ya citadas de carácter cultural.   Por un lado destacaban las Fiestas de Invierno, desarrolladas en las primeras semanas de febrero; y por otro las Fiestas de Agosto. Tanto una como

---

[22] RÍOS CARRATALÁ, J.A.: "La cultura durante el siglo XIX" en *Historia de Alicante*. ed. cit. pág. 562 – 563.

otra –así como las desarrolladas con motivo de la conmemoración del santo patrón de los distintos barrios de la ciudad– se componían de actividades lúdicas que incluían bailes, iluminaciones, fuegos artificiales, exhibiciones aéreas, etc.

Otras actividades que llamaban la atención de los alicantinos eran las corridas de toros y sobre todo la carrera, de trágico fin, del diestro autóctono Ángel Carratalá; así como los partidos de fútbol del equipo local *Club Natación*.

LA CULTURA DE LOS ESPECTÁCULOS AUDIOVISUALES.

Tanto José María Marín como Oscar Vaillard convivieron con las formas de ocio relacionadas con el empleo de la imagen y el sonido. Los espectáculos de imagen y sonido realizados desde las primeras décadas del siglo XIX, y que configuran el llamado precine, eran de diversa naturaleza. Sombras chinescas, proyecciones de linterna mágica, dispositivos ópticos y sonoros eran habituales en los teatros. Su puesta en escena dependía de los ilusionistas o prestidigitadores que actuaban de manera individual o como complemento de una compañía de variedades[1].

Así pues, la sociedad industrial de finales del siglo XIX estaba familiarizada con los espectáculos de linterna mágica, disolvencias, una variante consistente en superponer dos o más imágenes creando la ilusión del paso del tiempo o de cambio de las condiciones climatológicas, fonógrafo y otros dispositivos mecánicos. Este tipo de espectáculos eran ofrecidos en las veladas teatrales incluso en época de explotación cinematográfica. Tanto las vistas como las disolvencias se servían de una buena dosis de truculencia para impresionar a un público sumido en una atmósfera preparada para la ocasión por medio de una iluminación determinada y por el sonido fonográfico[2]. Por ello es

---

[1] La película *The illusionist* (El ilusionista, Neil Burger, 2006) reconstruye con cierta verosimilitud el ambiente y espectáculos de magia e ilusionismo que recorrían la Europa del siglo XIX y en los que se empleaban dispositivos ópticos de diversa naturaleza.

[2] SANCHEZ VIDAL, A: *Los Jimeno y los orígenes del cine en Zaragoza.* Ayuntamiento de Zaragoza, Zaragoza, 1994; pág. 110, comenta la esencia de este espectáculo: «Las Dissolving views incorporarían los más innovadores de estos dispositivos para producir los más sofisticados espectáculos conseguidos con linternas mágicas. Este procedimiento había sido inventado en 1811 por Childe con propósitos educativos, y muchos los consideraron el nacimiento de una nueva era para el linternismo. Aplicándole la iluminación hidroxígena se podían conseguir efectos muy impresionantes, ya que un mecanismo permitía reducir el suministro de gas (e incluso la mezcla de oxígeno e hidrógeno) a uno de los objetivos, mientras aumentaba el del otro. Con dos, tres (e incluso seis linternas) podían conseguirse efectos como el paso del día a la noche, la

necesario conocer la presencia de estos espectáculos en el tiempo y espacio en el que vivieron Marín y Vaillard.

Dioramas y derivados.

El espectáculo más habitual en las ciudades europeas que utilizaba un dispositivo óptico era el diorama y sus derivados, entre ellos el poliorama panóptico que tendrá presencia en Cartagena y Alicante.

El diorama, como espectáculo visual introducía junto al elemento espacial el temporal, ya que por medio de cambios de luz se creaba la ilusión del paso del tiempo. Este efecto se conseguía mediante el uso de materiales diáfanos que permitían conseguir toda una serie de efectos según se le aplicase una iluminación o una gama de filtros con efectos atmosféricos, temporales, etc. A decir de los cronistas de la época «representan amenos paisajes que el espectador puede contemplar así a la luz del día como a la oscuridad de la noche»[3]. Estructuralmente, el diorama podía albergarse en grandes edificios, pero para el caso de exhibiciones itinerantes se disponían visores individuales para contemplar las láminas o transparencias que eran iluminadas con una fuente de luz.

Este es el caso del caso del Poliorama exhibido por Plá en Cartagena[4] y Alicante[5] en 1853 y en 1854 en Córdoba. El poliorama, diseñado en 1850 por Pierre Seguin, era una caja óptica en cuyo interior se podía visualizar una lámina de cristal pintada y que por medio del cambio de intensidad de la luz se podía figurar el paso del tiempo. El poliorama de Plá tenía las siguientes características:

> contiene ocho cristales con igual número de vistas; pero estas se duplican por medio de un ingenioso mecanismo que las transforma en efectos de día y noche, apareciendo y desapareciendo varios objetos y personajes, y sustituyéndose algunas vistas en otras, totalmente diferentes a las que antes había, de manera que al espectador se le presentan diez y seis magníficos y diversos puntos de vista divididos en dos secciones, apareciendo las vistas de la primera iluminadas por la bien imitada luz del día o del sol, y las de la segunda aparecen

---

formación de un arco iris, simulación de sueños, espectros, etc».
[3] *El Español*, Madrid, 3 de febrero de 1847.
[4] *El Faro Cartaginés*, Cartagena, 21 de junio de 1853.
[5] *Diario de Córdoba*, Córdoba, 16 de abril de 1854.

transformadas en noche, con luna y estrellas, faroles de gas, fuegos artificiales, iluminaciones festivas, etc.[6]

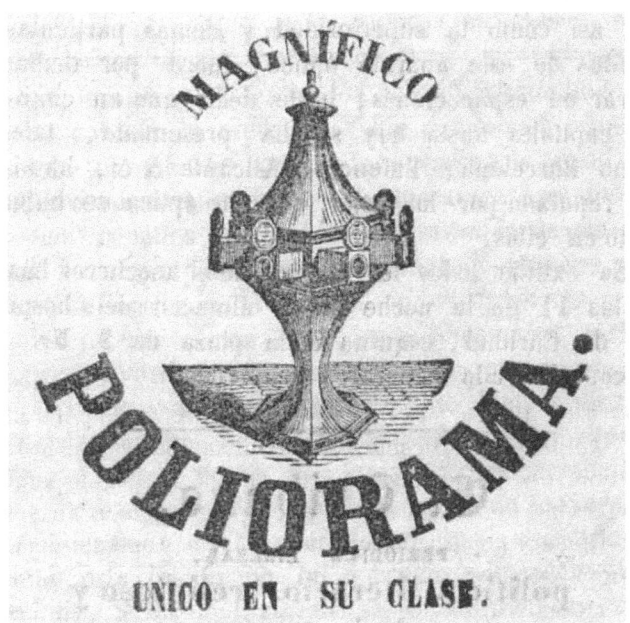

Publicidad del Poliorama

El propietario de este dispositivo empleaba un almacén como en el caso de Cartagena[7], o el bajo de una casa, caso de Córdoba[8], para dar inicio a las funciones. La colección de vistas la cambiaba cada seis días, para de esta manera aprovechar al máximo la estancia en cada población. Si bien en el caso de Alicante no se ha podido localizar mayor información al respecto, todo parece indicar que la dinámica fue la misma que la seguida en otras ciudades. De la misma manera, las vistas del poliorama eran idénticas en cada población visitada, por lo que los alicantinos que visionaron el mundo a través de este dispositivo óptico contemplaron las siguientes imágenes:

> Palacio de Cristal; El ferrocarril de Aranjuez, apareciendo y desapareciendo el tren; Pompeya en su último día, esto es, incendiándola el Vesubio; Barcelona y su gran puerto; el magnífico pasaje de San Petersburgo; pasaje nevado en lo más

---

[6] *Ibíd.*, 16 de abril de 1854.
[7] *El Faro Cartaginés*, Cartagena, 17 de julio de 1853.
[8] *Diario de Córdoba*, Córdoba, 4 de mayo de 1854.

crudo del invierno sobre el río Balira en el Valle de Andorra; la Basílica en la iluminación de la víspera y noche de S. Pedro en Roma; fuegos artificiales y bailes verificados en París en celebridad del enlace de Luis Napoleón con la condesa de Teba; El salón del consejo de los Diez; el puente de los Suspiros; plazuela de S. Marcos en Venecia; una iglesia de protestantes en S. Yon; calle del Templo de Londres; el arco triunfal de la Estrella de París; fuegos en la plaza de la Concordia y bailes en los Campos Elíseos en París en los días del emperador Napoleón; revolución y triunfo del general duque de Saldanha; palacio de Versalles, transformándose en los jardines; galería de Luis XIV en el mismo palacio; iglesia de S. Esteban del Monte, su transformación en el acto de predicar un sermón; calle de Rivoli en París»[9]

Sin más referencias acerca de este tipo de dispositivos de ocio, no fue hasta 1900 cuando apareció en la prensa la referencia a un diorama exhibido en Alicante. La noticia publicada se refería a un artilugio donde se disponían una serie de lienzos o transparencias que eran iluminadas por la parte posterior para producir los efectos ya descritos. El autor del artículo indicaba que «este aparato tiene la forma de armario, y al abrirse presenta un gran cuadro negro, abierto en el centro, por donde aparecen las láminas iluminadas por transparencia, pudiendo cambiar indefinidamente su aspecto, de manera que imiten todos los cambios de la luz y del color, desde la noche al día, y desde las sombras tempestuosas hasta las claridades del sol primaveral»[10]. La información terminaba señalando la gran utilidad de este ingenio para ilustrar las clases, argumentándose que numeroso profesores consiguen aumentar la atención de sus alumnos al usar este artilugio.

Panorama.

Otro espectáculo de ocio visual relacionado con las cajas de vistas era el panorama estereoscopo, un dispositivo de vistas que unía el efecto estereoscópico, descubierto por Wheatstone en 1838, por medio del cual las imágenes se percibían en relieve. El estereóscopo había evolucionado de objeto científico a dispositivo lúdico de uso individual, incorporando una serie de mejoras como fueron las introducidas por Louis Jules Duboscq consistente en aplicar imágenes de daguerrotipo,

---

[9] *Ibíd.*, 16 de abril de 1854 a 18 de mayo de 1854.
[10] *La Juventud Literaria*, Alicante, 22 de julio de 1900.

lo que posteriormente derivó en la incorporación de la fotografía, y David Brewster quien por medio del empleo de prismas logró combinar dos imágenes no similares para crear el efecto tridimensional. Al mismo tiempo Brewster propuso los diferentes tipos de uso que podía tener el dispositivo y señaló el del ocio como uno de ellos[11]. Efecto que en pleno siglo XIX despertaba la admiración general ya que en los estándares de percepción de la imagen de la época, estas se percibían «exactamente igual que si hubiese recibido las imágenes del objeto real, y siendo las mismas las impresiones recibidas, iguales también las sensaciones y percepciones del relieve, y de todas las demás propiedades del objeto, como los colores, los matices o tintas, los detalles de forma, etc.; en una palabra, el estereóscopo procede del mismo modo que la naturaleza con los ojos»[12].

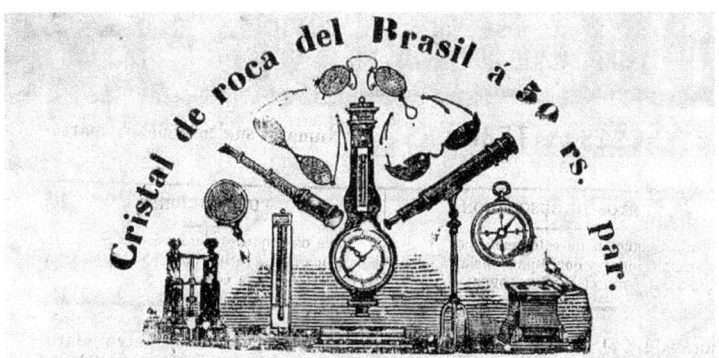

Publicidad de artículos ópticos

---

[11] Brewster, D: *The stereoscope. Its history, theory and construction.* John Murray Publisher, Londres, 1856.

[12] Antonio Rave: "El estereóscopo", *La Abeja, revista científica y literaria ilustrada.* Tomo II, Barcelona, Juan Oliveras Editor, 1863; p. 213.

El empleo del estereoscopio de manera individual era una realidad a mediados del siglo XIX, momento en el que existió una gran oferta y demanda de vistas o tarjetas estereoscópicas en las que se podían ver paisajes y lugares remotos con todo lujo de detalles. De hecho, los comercios de artículos de óptica solían incluir este tipo de dispositivos de mano entre sus catálogos. En Alicante se ha podido encontrar la publicidad del óptico Lasalle quien entre sus artículos comercializada este tipo de visores[13].

En cuanto a su empleo como artilugio asociado al ocio, en Alicante existe noticia de dos espectáculos en 1880. El primero del que se tiene conocimiento estaba ubicado en la calle Princesa número 7 y estaba regentado por la italiana Ana Beretta. En este bajo se exponían vistas de «los paisajes más bellos y los monumentos más notables del mundo, así como los hechos de armas más célebres de distintas épocas»[14]. El segundo de ellos, se trataba de un kiosco construido por el comerciante local José Puerto para albergar este tipo de espectáculo visual. Se trataba de un dispositivo con dieciséis visores individuales, al estilo del Kaiserpanorama o Panorama Imperial que había sido un éxito en Europa. En el interior del panorama estereoscópico de Puerto, ubicado en la céntrica avenida de Méndez Núñez, se podían visualizar con efecto de relieve «vista de París, Roma, Milán, Suiza y Versalles, que representan edificios, grutas nevadas, galerías de la exposición universal, puentes, ríos y cascadas, con una perfección tal, que no hemos visto nada mejor en su género, en los establecimientos en que con más aparato se enseñan panoramas en Madrid, Barcelona y otras capitales de primer orden»[15].

A pesar de que este y otros espectáculos indicados utilizaban el nombre de panorama, lo cierto es que el auténtico Panorama, y sus derivados, trataba de incluir al espectador dentro del ambiente de una escena pictórica presentada de forma mecánica. Su presencia fue muy corriente en numerosas ciudades europeas y españolas desde mediados del siglo XIX. La idea del panorama se debió al pintor Robert Barker y consistía en una pintura semicircular que ofrecía una visión de 360 grados. Barker inauguró en 1794 en Leicester Square un edificio en el que se albergaba esta nueva forma de ocio de masas. Una detallada descripción del efecto óptico del panorama y su estructura se puede

---

[13] *El Graduador*, Alicante, 20 de marzo de 1877.
[14] *El Constitucional*, Alicante, 16 de mayo de 1880.
[15] *Ibíd.*, 1 de octubre de 1880.

encontrar en una obra contemporánea al gran momento que experimentó dicho espectáculo:

> El panorama es una pintura circular expuesta de manera que el ojo del espectador, colocado en el centro y abarcando todo su horizonte, no encuentre sólo el cuadro que lo envuelve. La vista le permite al espectador juzgar tamaños y distancias sólo por comparación [...] Cuando se ve un cuadro, por grande que sea, está limitado por un marco, un marco y lo que rodea al cuadro son puntos de referencia que advierten que no se está en presencia de la naturaleza, sino en presencia de su reproducción. Para establecer la ilusión, hace falta que el ojo encuentre por todas partes figuraciones hechas en proporción con tonos exactos y que, en ninguna parte, pueda desviarse la vista de objetos reales que servirían para establecer una comparación [...]
> Construimos una rotonda con tejado cónico (las primeras rotondas tenían 17 metros de diámetro y 7 metros de altura; después tuvieron hasta 50 metros de diámetro y 16 metros de altura); en el interior se eleva, en el centro, una plataforma aislada, de la altura de la mitad del edificio; es ahí donde se coloca el espectador, donde se forma un horizonte con determinado número de dibujos; acabado un dibujo, se pasa al siguiente. Los dibujos establecen una anticipación con el precedente de modo que las últimas líneas de uno son las primeras del siguiente; se obtiene así una ubicación exacta que impide toda confusión. Además, se sirve del nivel del paisaje para determinar la línea de horizonte[16].

A partir de la idea original comenzaron a surgir numerosos derivados del dispositivo. Desde edificios construidos siguiendo la impronta de Barker hasta su adaptación a barracón de feria, uniéndose de esta manera a los diversos espectáculos audiovisuales que recorrían las principales ciudades de manera itinerante.

Las referencias acerca de la exhibición de espectáculos de panorama en el marco geográfico de referencia son escasas. Las noticias existentes se centran únicamente en la ciudad de Alicante. El único del que se tiene noticias es el que el escritor y político alicantino Luis Sellés Bosch inauguró en marzo de 1880 en un bajo situado en la calle San Fernando. En este panorama se exhibían vistas de la

---

[16] BAPST, G.: *Essai sur l'histoire des panoramas et des dioramas.* Imprimerie Nationale, París, 1891; p. 8 – 9.

inundación de Murcia «copiadas del natural, con toda su horrible verdad, presentando los principales acontecimientos de esta catástrofe»[17].

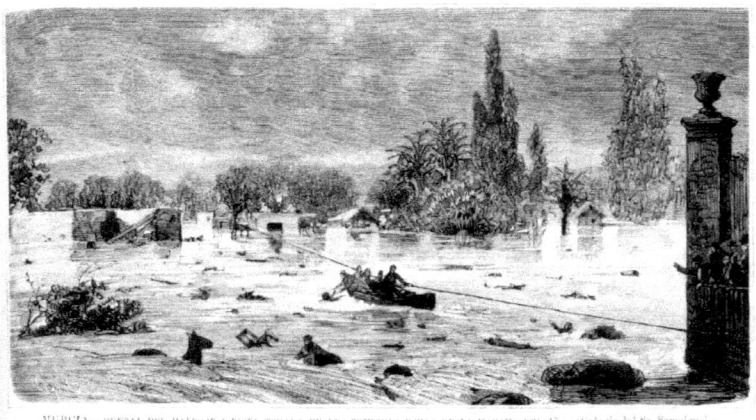

MURCIA.—HUERTA DEL MALECÓN : VISTA TOMADA EN LAS PRIMERAS HORAS DE LA MAÑANA DEL 15.—(Croquis del Sr. Sanmartín.)

Grabado reproducido en La Ilustración Española y Americana

Dicha inundación, conocida como Riada de Santa Teresa, tuvo lugar la noche del 15 de octubre de 1879. El desbordamiento del río Segura, debido a unas fuertes precipitaciones, arrasó los márgenes del río afectando a las localidades de Lorca, Cieza, Murcia y Orihuela, causando cuantiosos desperfectos materiales y acabando con la vida de unas 1.000 personas. La magnitud de la desgracia motivó una posterior campaña de solidaridad en toda España y la creación de una comisión franco española destinada a recaudar fondos en el país vecino. Debido al impacto que causo este acontecimiento, numerosos artistas, entre ellos el mismo Gustave Doré, realizaron ilustraciones de los efectos de la riada.

De hecho, las imágenes reproducidas en el panorama de Sellés fueron elaboradas en un taller de pintura de Barcelona a finales de 1879[18]. En total se componía de ocho vistas entre las que destacaron: «la que representa la calle y paseo de Floridablanca donde aparece el coche del Sr. Fernández recogiendo náufragos, y el guardia civil Oliva, conduciendo en su caballo a una joven a quien ha salvado desnuda, cubriéndola con un trozo arrancado de su pantalón; y la en que aparecen en la huerta de Beniaján, las primeras lanchas llevadas de Cartagena por

---

[17] *El Constitucional*, Alicante, 1 de octubre de 1880.
[18] *Diari Catala*, Barcelona, 28 de diciembre de 1879.

el Comandante General»[19]. Este panorama estuvo activo durante la primavera y verano del año 1880, sin que existan noticias posteriores acerca del mismo.

Linterna mágica.

Los espectáculos de linterna mágica habían evolucionado desde la itinerancia que los caracterizaba hasta comenzar a requerir una puesta en escena cada vez más dinámica. De esta manera, a mediados del siglo XVIII se convirtió en uno de los espectáculos públicos más innovadores, como demuestran las referencias publicadas en su época:

> Francisco Callejo [...] ha hecho una Linterna Mágica, muy particular, y poco común, pues despide una luz de más de 18 palmos en obalo (sic), en el que se ven hermosas perspectivas de jardines, templos, ciudades, marinas, cacerías, fieras, y figuras, tan extrañas como mover los ojos[20].

Así, desde la tremulante luz de vela que iluminaba las linternas que portaban los primeros linternistas se llegó, en el siglo XIX, al empleo de una mezcla de gases y posteriormente a la incorporación de la electricidad. El manejo de las linternas mágicas y los efectos que podían lograrse con ellas motivó la aparición de completos manuales de uso en el que se explicaban las diferentes partes del dispositivo, la regulación de la intensidad lumínica y los efectos de transición entre imágenes[21]. Uno de los efectos innovadores fue el de la disolvencia y que permitía, por medio del manejo de una linterna de doble o triple objetivo, crear efectos de transición espacios temporales.

También los fabricantes de linternas mágicas comercializaban a través de sus catálogos[22] aparatos de proyección, recambios de piezas y

---

[19] *La Unión Democrática*, Alicante, 19 de marzo de 1880.

[20] *Diario Noticioso Universal*, Madrid, 12 de mayo de 1759.

[21] Los manuales de uso más extendidos estaban editados en Gran Bretaña y Estados Unidos. Destacan: Child Bayley, R: *Modern magic lantern and their management*. Londres, 1869; Marcy, L. J.: *The Sciopticon manual, explaining lantern projections in general and sciopticon in particular*. Filadelfia, 1877; *The Art of projection and complete magic lantern manual*. Londres, 1893.

[22] Entre ellos destacaban el catálogo McAllister: *Catalogue of Stereopticons, dissolving views apparatus and magic lanterns*. Nueva York, 1867; o el de

lotes de vistas agrupadas en función de una serie de modelos temáticos que serán los utilizados más adelante por el primer cinematógrafo, es decir: vistas de paisajes, actualidades y episodios religiosos e históricos. Entre estos surgió, a finales del siglo XVIII, un espectáculo nuevo llamado fantasmagoría y que consistía en la proyección de espectros o fantasmas. Este tipo de proyecciones, cuyas bases teóricas ya se encontraban en diversos tratados de óptica de los siglos XVII y XVIII[23], se emplearon como método didáctico para desterrar mitos y supercherías acerca de las apariciones de fantasmas.

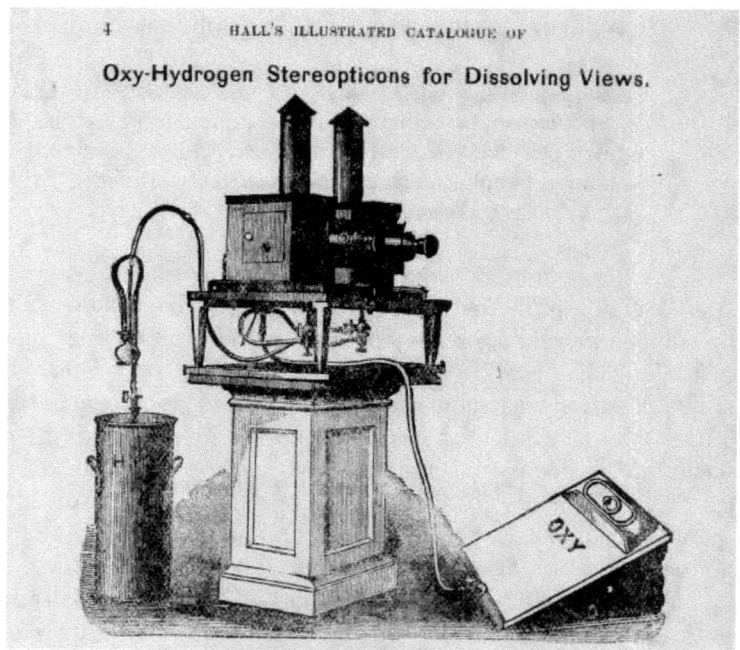

Linterna mágica del catálogo Hall empleada para vistas disolventes

Más allá de la polémica académica o científica, lo cierto es que estas propuestas se sistematizaron en forma espectáculo a finales del

---

la empresa Montgomery Ward & Co: *Magic lanterns and stereopticons.* Chicago 1880; o el catálogo francés de Picart de 1890.
[23] Entre ellos cabe destacar: HUYGENS, Christiaan: *Oeuvres Complètes* Volume IV (1662-63), Société hollandaise des sciences, La Haye, 1891; GRAVESANDE, W: Physices elementa matematica, 1725; GUYOT: *Nouvelles récréations physiques et mathématiques.* París, 1799.

XVIII. Las primeras proyecciones de este tipo las realizó Leonard Euler con un Megascope, proyector de figuras opacas, en 1756; a la que le siguieron las de Philipstahl, seudónimo de Paul Philidor, y su proyección de figuras fantasmales de ambiente gótico efectuadas en Francia en 1792 y que sentó las bases de la estética gótica de las proyecciones. Sin embargo, la mayoría de edad de este tipo de espectáculo llegó de la mano de Étienne–Gaspard Robert, conocido como Robertson, quien creó el espectáculo de las Fantasmagoría. El espectáculo creado por Robertson ofrecía una visualización perceptible por los sentidos de la vista y el oído de las imágenes descritas por la literatura romántica y la novela gótica sin olvidar el carácter científico del dispositivo empleado para crearlas. De hecho, sus proyecciones formaban parte de un espectáculo racional destinado a mostrar que las apariciones no eran más que producto de la superstición enfatizando que la linterna mágica era un dispositivo fruto de la ciencia y como tal fue descrito en numerosas publicaciones y artículos:

> La Fantasmagoría, ofreciéndonos sus espectros y fantasmas, no como apariciones sobrenaturales ni debidas a un pacto diabólico u otra especie de sortilegio, sino como un entretenimiento de física experimental producido por medio de ciertos efectos de luz sometidos a las leyes de la óptica, no puede menos de haber contribuido muchísimo a la destrucción de las creencias supersticiosas[24].

Tras las exhibiciones que efectuó Robertson en la Francia revolucionaria, surgieron numerosos imitadores que comenzaron a recorrer los teatros europeos. Entre estos destinos no faltó un escenario español, ya que en 1807 se presentó este espectáculo en Madrid de la mano de un exhibidor francés identificado como Mr. Martin espectáculo en el que «aparecerán varios espectros, esqueletos, fantasmas y retratos de hombres célebres, siendo la mayor parte nueva, como también la barca de Aqueronte»[25].

Por otro lado, el uso de la linterna mágica y sus derivados, introdujeron las vistas de otros países y ciudades, una adaptación proveniente de los álbumes de fotografía, y que paulatinamente fueron configurando un estilo de proyección consistente en la recreación de un

---

[24] "La Fantasmagoría", *Semanario pintoresco*, Madrid, 8 de enero de 1837.
[25] *Diario de Madrid*, Madrid, 29 de marzo de 1807.

viaje. De hecho, junto a los catálogos de linternas y accesorios, se podían encontrar catálogos para explicar las vistas de ciudades contenidas en las placas de linterna. En este sentido, por ejemplo, un catálogo estadounidense de finales del siglo XIX incluía una descripción de Alicante:

> No 99. VISTA PANORÁMICA DE ALICANTE. – Alicante es una ciudad comercial situada sobre una roca de aproximadamente 400 pies de alto. No hay nada en la ciudad digno de mención. Su posición se sitúa en dirección a Granada de igual manera a como la Ciudad de Jersey lo hace con respecto a Nueva York. La ciudad tiene una galería privada de pinturas que contiene mil cuadros muy buenos. Sus calles son estrechas y torcidas, y quizás si se tiene tiempo, se puede subir hasta la fortaleza lo que merecerá el esfuerzo[26].

Al margen de estos espectáculos de linterna surgieron otros aparatos y dispositivos ópticos derivados de ésta y que ofrecían variantes sobre los mismos temas. En mayor o menor medida estos dispositivos empleados como ocio de masas fueron desfilando por los teatros de Alicante, Cartagena y Águilas. Las sesiones de linterna efectuadas en Águilas tuvieron lugar en el Teatro España, propiedad de Marín. No obstante, antes de llegar a la actividad de Marín en el sector del ocio audiovisual, es necesario conocer la evolución de estas formas de ocio en el marco geográfico señalado.

En el caso de Alicante, la primera referencia de un espectáculo que incorporaba disolvencias se fecha el 11 de febrero de 1873 cuando como complemento a la compañía de zarzuela de Nicolás Rodríguez se ofrecieron representaciones de disolvencias[27]. Se trataba de la actuación de Auboin–Brunet, prestidigitador y linternista que tras haber pasado una temporada recorriendo los teatros de Italia[28], actuó en ciudades como Gerona[29], Córdoba[30], Valencia[31], San Sebastián[32], Burgos[33], Madrid[34], Barcelona[35] y

---

[26] Wilson, E.: *Lantern journeys. A series of descriptions.* Nueva York, 1888.

[27] *El Constitucional*, Alicante, 29 de enero de 1873.

[28] *L'Emporio Pittoresco*, Milán, 21 de julio de 1867.

[29] *La Lucha*, Gerona, 12 de mayo de 1872.

[30] *El Globo*, Madrid, 1 de noviembre de 1875.

[31] *Las Provincias*, Murcia, 19 de marzo de 1878.

[32] *Diario de San Sebastián*, San Sebastián, 1 de enero de 1880.

[33] *El Heraldo de Castilla*, Burgos, 31 de marzo de 1880.

Murcia[36]. En el caso de Alicante Auboin–Brunet permaneció durante el mes de febrero de 1873[37] antes de viajar a su siguiente destino. En 1883 regresó a Alicante, tras haber actuado en Valencia, y siendo publicitado en la prensa como el «vulgarizador de las ciencias populares y fundador propietario del teatro mágico de París»[38].

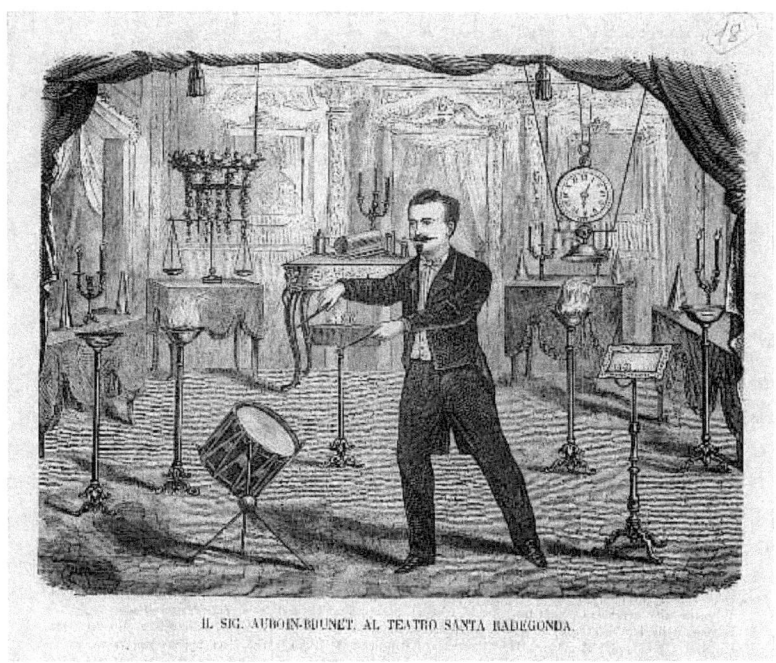

IL SIG. AUBOIN-BRUNET, AL TEATRO SANTA RADEGONDA.

Ilustración de la prensa italiana mostrando a Auboin–Brunet en una actuación

Durante el mes de agosto actuó en el Teatro Circo. En ambas ocasiones desplegó su repertorio de magia, ciencia y espectros, estos últimos de gran calidad ya que allí dónde eran presentados recibían elogiosas críticas: «los espectros vivos impalpables, escenas fantasmagóricas en que el autor se halla frente a frente de ciertos cuerpos que sin tener figura real, reproducen exactamente las

---

[34] *Madrid Cómico*, Madrid, 9 de mayo de 1880.
[35] *La Vanguardia*, Barcelona, 25 de diciembre de 1881.
[36] *La Paz*, Murcia, 24 de octubre de 1883.
[37] *El Municipio*, Alicante, 16 de febrero de 1873.
[38] *El Eco de la Provincia*, Alicante, 31 de agosto de 1883.

posiciones y movimientos de los seres animados»[39]. Tras su estancia en Alicante, Auboin–Brunet se trasladó a Cartagena, donde actuó por primera vez el 7 de octubre de 1883[40] y posteriormente a Murcia donde entre otros números presentó el caleidoscopio móvil[41]. Posteriormente se trasladó a Portugal y Argelia antes de regresar a Francia[42].

En agosto de 1873, llegó a la ciudad de Alicante Elisa Herrero de Limiñana para ofrecer un programa de prestidigitación y cuadros disolventes. El caso de Elisa Limiñana, como fue conocida en los teatros donde llevó sus funciones, es digno de mención. Durante 1860 a 1867 acompañó a su marido, el Prestidigitador Limiñana, por buena parte de la geografía española y portuguesa.

Así en estos siete años se puede rastrear su paso por Madrid[43], Logroño[44], Alicante[45], Valladolid[46], Burgos[47], Oporto[48], Jaén[49], Granada[50], Cádiz y Lisboa[51]. Limiñana junto a su familia se encontraba en Moratalla, cuando falleció repentinamente el 12 de julio de 1867, «a la temprana edad de treinta y tres años, dejando sumidos en la mayor miseria a una joven y virtuosa viuda y a tres hijos de corta edad»[52]. Frente a esta situación, Elisa Herrero tomó el relevo de su difunto marido y en octubre de 1867 comienza sus giras por España. Desde 1867 hasta 1885 llevó su espectáculo de magia y cuadros disolventes por Madrid[53], Murcia[54], San Sebastián[55], Barcelona[56] y, como se ha mencionado, de manera puntual en

---

[39] *La Imprenta*, Barcelona, 27 de febrero de 1872.

[40] *El Eco de Cartagena*, 6 de octubre de 1883.

[41] *La Paz*, Murcia, 30 de octubre de 1883.

[42] *L'Europe Artiste*, París, 22 de junio de 1884.

[43] *La Correspondencia de España*, Madrid, 27 de octubre de 1860.

[44] *El Ebro*, Logroño, 4 de agosto de 1861.

[45] *La Correspondencia de España*, Madrid, 4 de junio de 1862.

[46] *Ibíd.*, 18 de agosto de 1862.

[47] *Ibíd.*, 4 de septiembre de 1862.

[48] *Ibíd.*, Madrid, 26 de mayo de 1863.

[49] *Ibíd.*, Madrid, 23 de octubre de 1863.

[50] *Ibíd.*, Madrid, 2 de septiembre de 1864.

[51] *Ibíd.*, Madrid, 10 de julio de 1865.

[52] *La España*, Madrid, 20 de julio de 1867.

[53] *El Imparcial*, Madrid, 22 de octubre de 1867.

[54] *La Paz de Murcia*, Murcia, 30 de enero de 1874.

[55] *Diario de San Sebastián*, San Sebastián, 1 de enero de 1882.

[56] *La Vanguardia*, Barcelona, 8 de febrero de 1885.

Alicante. Para iniciar esta actividad adoptó el apellido de su marido, quien había destacado por su talento, equiparable al de los grandes prestidigitadores europeos, pero sin recibir el mismo reconocimiento en España:

> Desgraciadamente para este prestidigitador cuyo mérito es muy notable, su nombre no había resonado en los salones de París, de Londres, o de San Petersburgo, donde se dan los diplomas de la celebridad; ni su apellido tenía una terminación italiana, tudesca o bárbara y de difícil pronunciación [...] Era sencillamente un español, se llamaba Limiñana, y aunque en su género sea una legítima notabilidad, ni siquiera se ha contado de el una de esas sorprendentes anécdotas de que los Dulcámaras, por no decir Holloways, de la prestidigitación tienen el privilegio de ser los héroes, y que contribuyen a acrecentar su fama y, como consecuencia lógica, sus bolsillos a expensas de los admiradores de todo lo transpirenaico[57].

El hecho de publicitarse como Viuda de Limiñana resultó un reclamo con éxito si se tienen en cuenta las favorables críticas que recibían sus sesiones. Por otro lado, en numerosas ocasiones su presencia se anunciaba como Profesora Elisa Limiñana, un recurso empleado por los prestidigitadores de la época que trataban de esta manera de dotar de cientifismo a sus trucos y habilidades. Por último, Elisa Herrero contempló desde que empezara sus giras la posibilidad de incluir la linterna mágica como parte fundamental de las funciones y optó por un programa de cuadros disolventes, anunciado como Poliorama, consistente en «sorprendentes vistas del universo, cuadros astronómicos, geológicos, animales y plantas antidiluvianas, efectos de luna, incendios y cascadas, figuras de movimiento y transformación y estrellas cromotópicas»[58].

El conjunto de vistas que empleaba permitía lograr efectos de transición de tiempos diversos, o como se empleaba en la nomenclatura de la época: «proyección de imágenes daguerrianas»[59].

---

[57] *Revista de Cataluña*, Tomo I, Salvador Manero Editor, Barcelona, 1862; pp. 215-216.
[58] *La Iberia*, Madrid, 17 de abril de 1870.
[59] Du Moncel, M: "Projection des principaux phénomènes de l'optique". *Mémoires de l'Académie Impériale des Sciences, Arts et Belles Lettres de Caen*, Imprimeur de l'Academie, Caen, 1856; p. 159.

Los títulos de las vistas que se ha podido encontrar, un surtido de vistas de paisajes, ciudades y episodios religiosos, son los siguientes:

Vista de Perugia – Chalet suizo en verano – Idem en invierno – Id. en llamas – Id. en ruinas, de noche – Catedral de Berna – Palacio en el lago Maggiore – Portal de los Inválidos – Túmulo de Napoleón – Cabaña de Francisco José – Monte San Bernardo – Vista de Viege – Fontainebleau – Vista de Rabelio – Cataratas del Rhin – Los hijos de la viuda en el templo – Aldea de San Pedro – Catedral de Venecia – Alhambra de Granada – Capilla de San Lucas – Sueño de un soldado – Representación del sueño – Religión y caridad – Iglesia de San Marcos – La gruta azul – Una fotografía de la luna – Ruinas de Irlanda – Plantas antidiluvianas – Volcanes antidiluvianos[60].

De igual manera, en la década de los setenta del siglo XIX, ofreció sus números de prestidigitación y linterna mágica el húngaro Joseph Velle, padre de Gastón Velle futuro cineasta de la casa Pathé. Velle llegó a Madrid en 1863 y posteriormente comenzó su itinerancia por los teatros más importantes de las ciudades españolas en dos ocasiones. La primera de ella se produjo entre 1863 y 1865, años en los que visitó las siguientes ciudades: Madrid[61], Barcelona[62], Valladolid[63], Santander[64], Lugo[65], Badajoz[66] y Sevilla[67].

Una de las especialidades de Velle era la fantasmagoría, proyección de imágenes de espectros que había evolucionado desde las primeras efectuadas por Robertson a finales del siglo XVIII. La calidad de las proyecciones de Velle merecía nutridos elogios mencionándose que «trabaja perfectamente en la resurrección de los muertos»[68].

---

[60] *Diario oficial de avisos de Madrid*, Madrid, 21 de abril de 1870.
[61] *El Madrileño*, Madrid, 21 de diciembre de 1863.
[62] *El Pájaro Azul*, Barcelona, 9 de enero de 1864.
[63] *La Correspondencia de España*, Madrid, 1 de mayo de 1865.
[64] *Ibíd.*, 25 de mayo de 1865.
[65] *Ibíd.*, Madrid, 1 de octubre de 1865.
[66] *Crónica de Badajoz*, Badajoz, 18 de marzo de 1865.
[67] *La Correspondencia de España*, Madrid, 16 de abril de 1864.
[68] *El Museo Universal*, Madrid, 23 de abril de 1864.

A pesar de no estar exento de puntuales episodios de crítica feroz por parte de algunos periodistas[69], lo cierto es que la maestría de Velle causó gran sensación en su época y fue digna de formar parte de los manuales de prestidigitación de principios del siglo XX[70].

La segunda ocasión en la que Velle visitó España fue durante el año 1879 para una única temporada. En esta ocasión su recorrido comenzó en Zaragoza[71], para dirigirse posteriormente a Córdoba[72], Cartagena[73], Alicante, Denia[74] y Gerona[75].

De la estancia en Cartagena, donde actuó en octubre de 1879, tan solo se conoce que ofreció sesiones de cuadros disolventes[76]. En el caso de la ciudad de Alicante la información es más precisa a pesar de la breve duración de su visita ya que actuó en el Teatro Principal las noches del 9 al 12 de octubre de 1879. En esta ocasión no consta que se proyectaran fantasmagorías ya que la información sobre los cuadros proyectados, se refieren únicamente a vistas de carácter histórico, tales como «la Guerra Anglo–Zulú y muerte del príncipe Napoleón»[77], actualidades como la «Exposición de París de 1879 con las vistas de todos los principales monumentos españoles y extranjeros»[78] y religiosos como el Arca de Noé.

Si bien el talento de Velle era reconocido, las condiciones de las proyecciones en Alicante no fueron del todo correctas, ya que existió algún tipo de fallo en la iluminación de la linterna, posiblemente una mala mezcla de gases. Debido a este

---

[69] *El Diablo Suelto*, Barcelona, 17 de enero de 1864. En este número se ofrece una detallada crónica de la "emboscada" tendida por algunos redactores del citado periódico que habían descubierto alguno de los truculentos mecanismos empleados por Velle.

[70] EVANS, Henry R.: *The old and the new magic.* Open Court Publishing, Chicago, 1906, p. 346 recoge el siguiente comentario: "The Hungarian conjurer, Velle who was the first to give exhibitions within marked circle, where the audience could gather on all sides. Velle impersonated Mephisto to perfection".

[71] *Revista de Aragón*, Zaragoza, 19 de enero de 1879.

[72] *Diario de Córdoba*, Córdoba, 8 de agosto de 1879.

[73] *El Graduador*, Alicante, 26 de septiembre de 1879.

[74] *El Constitucional*, Alicante, 14 de octubre de 1879.

[75] *La Lucha*, Gerona, 24 de diciembre de 1879.

[76] *La Unión Democrática*, Alicante, 8 de octubre de 1879.

[77] *El Eco de la Provincia*, Alicante, 9 de octubre de 1879.

[78] *El Constitucional*, Alicante, 8 de octubre de 1879.

inconveniente, la mala calidad de la luz «no dejaba precisar los cuadros con esa limpieza y transparencia que en otros hemos visto»[79].

Consciente de que el espectáculo no estaba resultando del todo correcto, Velle puso en marcha un reclamo consistente en efectuar una rifa entre los asistentes a la última función. Los regalos que podían conseguir eran de los más sorprendentes: «1º Una botella de Jerez – 2º un pavo – 3º Un par de pendientes de oro – 4º Una moneda de oro de 100 reales»[80]. Terminadas las funciones Velle abandona la ciudad en dirección a Gerona efectuando una única actuación en la ciudad de Denia.

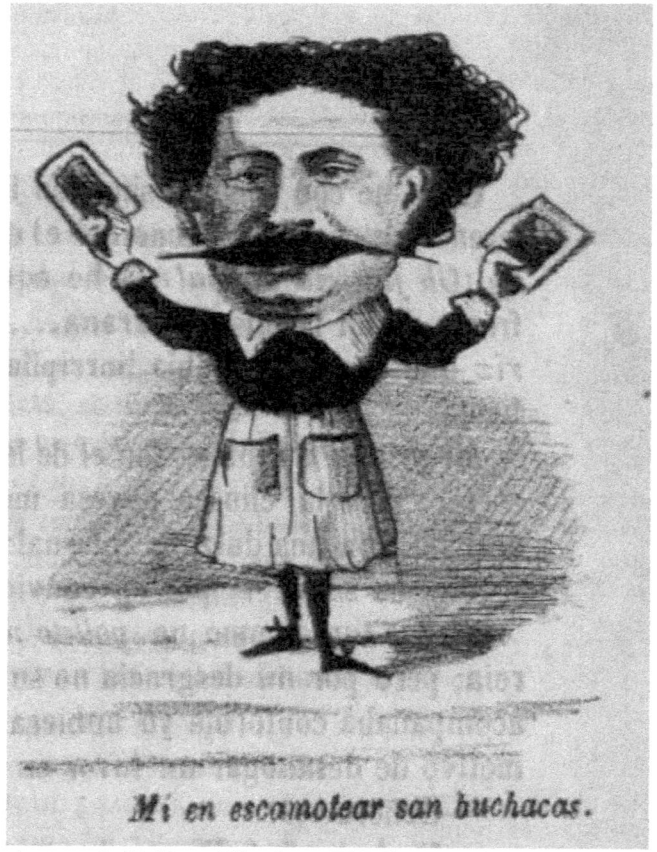

Caricatura de Velle publicada en El Pájaro Azul en enero de 1864

---

[79] *La Unión Democrática*, Alicante, 10 de octubre de 1879.
[80] *El Eco de la Provincia*, Alicante, 12 de octubre de 1879.

El siguiente linternista de renombre que visitó la ciudad de Alicante fue Williams Walter, quien viajaba acompañado de su hija Elvira encargada de colaborar en las funciones interpretando números musicales. Walter era un linternista que desde que llegara a Badajoz en 1867[81] inició su actividad en España, pudiéndose registrar su paso por Madrid[82], León[83], Pamplona[84], Barcelona[85], Tarragona[86], Alcoy[87], Burgos[88] y Córdoba[89]. La primera crónica referida a Walter describió con gran detalle el contenido de las vistas que componían su repertorio con la intención de impactar al potencial público. Según la nota periodística la colección de vistas que proyectaba se componía de:

> Mil setecientos cuadros que representan risueños paisajes, grandes ciudades, amenas perspectivas, hechos históricos, magnificas estatuas de mármol, suntuosos monumentos, grotescas y chistosas caricaturas, etc. Siendo lo que más llama la atención un gran número de objetos de movimiento y cuadros de doble y triple efecto, como molinos, cascadas, ferrocarriles, maniobras militares, magníficas fuentes, globos aerostáticos, efectos de día y noche, verano e invierno, bueno y mal tiempo y finalmente un gran número de escenas animadas y de gran efecto entre las que llama la atención una corrida de toros con los retratos de los principales lidiadores, y una gran colección de cuadros que representan la primera parte de la pasada guerra civil hasta la toma de Bilbao[90].

La estancia de Walter en la ciudad de Alicante se prolongó durante los meses de marzo y abril de 1877. Sus programas de cuadros disolventes registraron el favor de un público que llegó a solicitar que se repitieran algunos de ellos[91]. Destaca el hecho de que durante su estancia en la ciudad Walter recibía placas para sus

---

[81] *Crónica de Badajoz*, Badajoz, 25 de enero de 1867.
[82] *La Correspondencia de España*, Madrid, 17 de febrero de 1875.
[83] *El Porvenir de León*, León, 13 de octubre de 1876.
[84] *El Eco de Navarra*, Pamplona, 2 de septiembre de 1877.
[85] *La Imprenta*, Barcelona, 11 de febrero de 1878.
[86] *Programa de Fiestas de Santa Tecla* 22 de septiembre de 1878.
[87] *El Serpis*, Alcoy, 6 de abril de 1879.
[88] *Heraldo de Castilla*, Burgos, 18 de septiembre de 1880.
[89] *Diario de Córdoba*, Córdoba, 16 de enero de 1881.
[90] *El Constitucional*, Alicante, 1 de marzo de 1877.
[91] *El Graduador*, Alicante, 10 de marzo de 1877.

sesiones, con lo que podía ir ampliando la oferta de vistas. Así, con motivo de la Semana Santa de 1877, Walter recibió un lote nuevo de placas en las que se podían contemplar los momentos de la Pasión, y episodios de la historia de Francia. Junto a las de temática religiosa, una de las vistas era de la ciudad de Alicante[92]. En cuanto a las vistas de carácter histórico, una de ellas, a juzgar por la información de la prensa, desarrollaba la historia de la torre de Nesle, según la obra de Alejandro Dumas, con toda una serie de efectos visuales: «efectos de día y noche, gran tempestad, relámpagos y rayos, caída del capitán Burridas desde lo alto de la torre, aparición de Margarita de Borgoña en la puerta de la misma, llegada de una barca al pie de la torre y salida de tres señoras que atraviesan el Sena en una barca»[93].

Concluida la temporada, Walter continuó con su itinerario visitando numerosas ciudades de España. Falleció en 1883 mientras se encontraba en Jerez[94]. No obstante, su hija Elvira continuó al menos durante ese mismo año con los compromisos que ya habían contraído. Así, el 2 junio de 1883 ofreció el espectáculo de linterna mágica que había heredado de su padre en el Teatro Principal de Alicante[95] y en el que se proyectaron escogidas vistas, a saber:

> Arco de Constantino, en Roma. – Monumento de Cristóbal Colón, en Génova, Vigo. – Baños de mar en Bilbao. – Fábrica de papel en Angouleme, (Francia). – Las palmeras de Elche. – Antiguos baños de Galiana, en Toledo, Cervantes. – Gran escalera del Hospital de Santa Cruz, en Toledo. – Castillo de la Mota, en Medina del Campo en donde murió Isabel la Católica. – Paso de un tren ferrocarril de movimiento. – La aurora, (estatua). – La nueva Plaza de Toros, de Madrid. – Lonja de la seda en Valencia. – Una decoración de Aida, sacada del Teatro Real de Madrid. – Decoración de Roberto el Diablo. – La gran mezquita de Santa Sofía, con vista del Bósforo. – Interior de un antiguo templo masónico, en Egipto. – Castillo de Chillon, en el Lago Ginebra. – Interior de los subterráneos del mismo. – Incendio de un buque. – La Melancolía (estatua). – Interior de la Gran Cartuja de Pavía, con la solemne procesión del Corpus (de movimiento). – Arco de la villa Palavicini, en Génova. – La Pureza (estatua). – Plaza de San Pedro en Roma. Puente de Rialto (Venecia). –

---

[92] *El Constitucional*, Alicante, 29 de marzo de 1877.
[93] *Ibíd.*, 1 de abril de 1877.
[94] *La Unión Democrática*, Alicante, 17 de junio de 1883.
[95] *El Constitucional*, Alicante, 2 de junio de 1883.

Una viuda en el cementerio. – Galería de estatuas guerreras en el Louvre. – Minerva y Telémaco (grupo de estatuas). – Interior de la abadía de Westminster. – Fuente en el paseo de Lisboa. – El Lago de Lucerna. – Una de las galerías de la gran metrópoli de Génova. – La Desesperación (estatua). – Túnel de ferrocarril, con doble efecto y movimiento. – Una bonita novia. – Una vista en Ancona. – La Fragata Numancia. – Eva (estatua). – Gran escena de movimiento que representa el incendio de una casa de campo[96].

Terminada la estancia de Elvira Walter en Alicante, el único dato disponible menciona que se iba a trasladara a Madrid para continuar sus estudios musicales en el Conservatorio, sin que, al día de hoy, existan más referencias[97].

La presencia del espectáculo de cuadros disolventes, linterna, y espectros continuó en Alicante de la mano de numerosas compañías teatrales que actuaban en la ciudad. La publicidad genérica que de los mismos se efectuaba en la prensa hace difícil identificar de quién se trataba. Por lo que de entre las anónimas referencias solo se puede datar las funciones de la compañía de Lacasa y Rodríguez en julio de 1877[98]; las funciones de linterna efectuadas en octubre de 1878 en las fiestas de la partida rural de El Altet[99]; la sesión de cuadros cromofundentes (otro de los nombres del mismo espectáculo) desarrollada por Hermann[100] ofrecida como complemento de sus números de prestidigitación. Por último hay que señalar las funciones de ilusionismo y disolvencias de los hermanos Peliuspe, quienes desde 1891 a 1895 realizaron una gira por algunas provincias españolas y Portugal[101]. En agosto de 1895 realizaron en Alicante una función al aire libre[102].

Por otro lado, este tipo de espectáculo convivió durante los primeros tiempos de andadura de las sesiones cinematográficas formando parte de un tipo de entretenimiento que empleaba diversos aparatos ópticos. En este sentido se pueden mencionar las sesiones que en 1899 se llevaron a cabo en el Pabellón de Visiones Artísticas

---

[96] *La Unión Democrática*, 18 de junio de 1883.
[97] *Ibíd.*, 23 de junio de 1883.
[98] *El Graduador*, Alicante, 23 de julio de 1877.
[99] *El Constitucional*, Alicante, 18 de octubre de 1878.
[100] *El Graduador*, Alicante, 1 de junio de 1884.
[101] *El Reservista*, Madrid, 1893.
[102] *El Nuevo Alicantino*, Alicante, 1 de agosto de 1895.

situado en la plaza del Teatro, con los cuadros disolventes: «Mefistófeles y Margarita, Las romanas y Conversión de una hermosa señorita en esqueleto»[103]; y también las organizadas por José Condesnitt bajo el título de «Transformaciones electro–crómico–luminosas»[104].

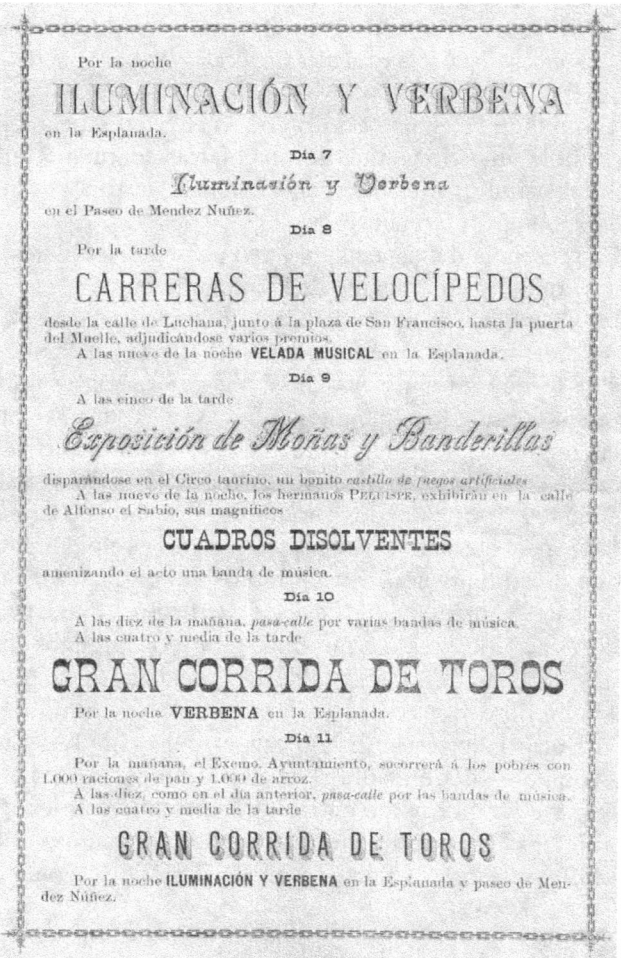

Programa incluyendo Cuadros disolventes de los Hermanos Peluispe

---

[103] *El Liberal*, Alicante 1 y 11 marzo 1899.
[104] *La Correspondencia Alicantina*, Alicante, 21 noviembre 1899 es la única referencia localizada con respecto a este espectáculo.

El espectáculo fonográfico.

De igual manera que existieron experimentos destinados a fijar el movimiento en un soporte fotográfico para luego reproducirlo de manera mecánica, algo similar sucedió con el sonido. En 1857 el investigador francés Édouard-Léon Scott de Martinville ya había patentado el Fonoautógrafo, un dispositivo con el que pudo registrar sonido sobre un cilindro de papel, aunque sin posibilidad de poder ser reproducido posteriormente[105].

Quien sí pudo idear un aparato que sirviera tanto para grabar como para reproducir el sonido fue el inventor estadounidense Thomas A. Edison. La propuesta de Edison, conocida como Fonógrafo, fue presentada en noviembre de 1877 y patentada unos meses después, en febrero de 1878. El sistema del fonógrafo era capaz de realizar una grabación mecánica analógica sobre un cilindro, en los primeros modelos de papel de estaño –lo que dio origen al modelo conocido como fonógrafo *tinfoil*– y posteriormente, en la década de 1880, sobre cilindros de cera.

La propuesta de Edison permitía que el mismo aparato, al que se le podía acoplar una bocina, reprodujera la grabación. Para finales de esa misma década Edison implementó la venta de fonógrafos y cilindros, un comercio que traspasó obviamente las fronteras de Estados Unidos[106]. De hecho, numerosos feriantes y artistas de variedades incluyeron las audiciones fonográficas –en ocasiones vinculadas a proyecciones de linterna mágica– como parte de sus números.

En España las primeras referencias que se encuentran sobre el fonógrafo son una serie de artículos publicados en revistas de

---

[105] Solo por medio de una tecnología actual se ha podido reproducir este primer registro mecánico de un sonido grabado, tal y como quedó demostrado en el año 2008. Sobre este hecho puede consultarse Jody Rosen: "Researchers play tune recorded before Edison" *The New York Times*, 27 de marzo de 2008, disponible en web: www.nytimes.com/2008/03/27/arts/27soun.html?_r=8 [Consultado 9 de junio de 2013].
[106] Millard, A. J.: *America on record: a history of recorded sound.* Cambridge, Cambridge University Press, 1995.

carácter científico[107]. En todos ellos la constante es la descripción del dispositivo, como bien publicó el *Boletín de Loterías y de Toros*:

> El aparato es sumamente sencillo: un pequeño receptáculo que se adapta a la plancha metálica recoge los sonidos y los reproduce por medio de una bocina, pero con una precisión y exactitud tal, que sería difícil distinguir quien los emite, si el aparato o la voz humana, a no resultar aquellos un poco más afónicos y apagados[108].

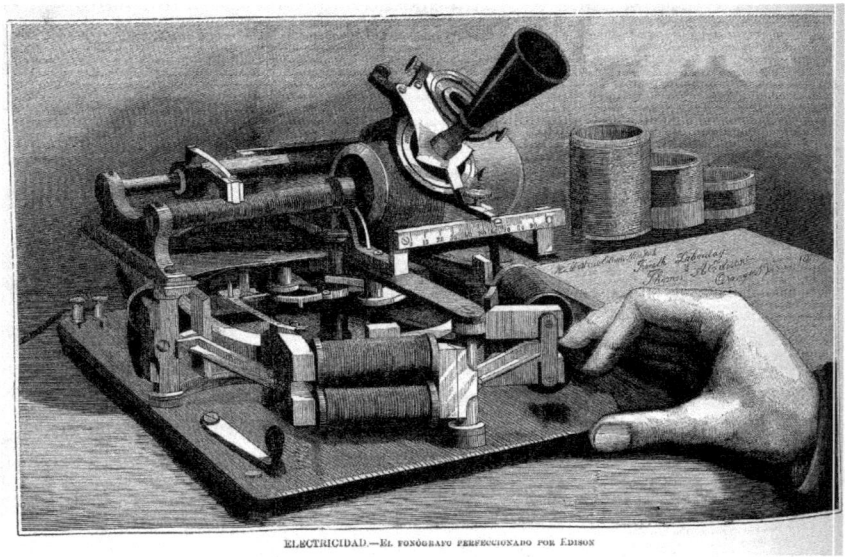

La Ilustración Nacional. Revista literaria, científica y artística (1888)

A partir del mes de abril de 1878 se comenzaron a registrar en prensa noticias sobre la llegada del fonógrafo a España y se da cuenta de alguna de sus funciones que a todas luces tenían un carácter promocional. Audiciones que muy pronto se establecieron en las principales ciudades de España, incluidas Murcia, Cartagena y Alicante. Baste recordar la crónica enviada desde Barcelona al diario alicantino *El Graduador*: «Ayer vi o mejor dicho oí funcionar el primer fonógrafo Edison introducido en España, cuyo aparato recibió un fuerte

---

[107] Cabe destacar los siguientes: P. Giffard: "El fonógrafo" *Revista de Cuba*, 1878, Tomo IV; *Revista de Andalucía*, 1878, Tomo XII; *Revista de España*, 1878, Tomo LXII; *El semanario murciano*, septiembre de 1878
[108] *Boletín de Loterías y Toros*, Madrid, 30 de junio de 1879.

golpe en la Aduana de Port Bou, que le hace pronunciar la o muy oscura. Su coste es 90 duros, pero es de esperar que se venderán pronto a más bajo precio»[109].

También desde Barcelona procede la primera noticia de una sesión pública de fonógrafo realizada el 12 de septiembre de 1878 en el Ateneo Libre de Cataluña[110]. En febrero de 1879 se iniciaron las audiciones fonográficas en Madrid, organizadas por la Sociedad el Fonógrafo ubicada en la calle Preciados[111].

En el marco geográfico de referencia las audiciones fonográficas realizadas como parte de un espectáculo las ofreció Bargeon de Viverols, prestidigitador que recorrió España entre 1879 y 1886 visitando ciudades como Barcelona[112], Gerona[113], Madrid[114] – donde actuó en el teatro Apolo–, San Sebastián[115], Burgos[116], Córdoba[117], Valencia[118], Alicante[119] y Murcia[120] antes de partir en dirección a Francia donde iniciaría un nuevo periplo por el país vecino[121].

Gracias a las crónicas de los diarios de la época se tiene constancia que el aparato empleado por Bargeon de Viverols se trataba del modelo *tinfoil*[122]. En cuanto al programa que desarrollaba en sus funciones mixtas de magia y ciencia, seguían la misma dinámica en

---

[109] *El Graduador*, Alicante, 21 de abril de 1878.

[110] *La Mañana*, Madrid, 20 de septiembre de 1878; *El Serpis*, Alcoy, 20 de septiembre de 1878 y *El Magisterio Balear*, Palma, 26 de octubre de 1878.

[111] *La correspondencia de España*, Madrid, 2 de febrero de 1879 y *La Época*, Madrid, 4 de febrero de 1879

[112] *La publicidad*, Barcelona, 4 de abril de 1879.

[113] *Teléfono catalán*, Gerona, 25 de mayo de 1879.

[114] *La mañana*, Madrid, 28 de junio de 1879.

[115] *Diario de San Sebastián*, 4 de agosto de 1879.

[116] *El Papa-moscas*, s.f. 1879.

[117] *Diario de Córdoba*, 14 de febrero de 1880.

[118] *La unión democrática*, Alicante, 21 de febrero de 1880.

[119] *El graduador*, Alicante, 22 de febrero de 1880.

[120] *Diario de Murcia*, Murcia, 3 de marzo de 1880.

[121] *Journal de Tournon*, Tournon, 31 de octubre de 1880.

[122] El artículo publicado en el diario *Teléfono catalán* (ed. cit.) con motivo de la visita del prestidigitador a Gerona contiene la descripción del fonógrafo como sigue: «En vez de un cilindro, se emplea una plancha metálica que lleva grabada una espiral en una de sus caras, con lo que se consiguen dos ventajas: aumentar la superficie imprescindible y hacer posible la nueva colocación de la lámina».

todas las ciudades visitadas, a saber: «Explicación del aparato de Edison, reproductor de la palabra humana, conversando con el fonógrafo, imitando los gritos de los animales, voces de mando militares, aritmética del fonógrafo, representación, sustitución o sobreposición de los sonidos del fonógrafo, experiencia para el público»[123].

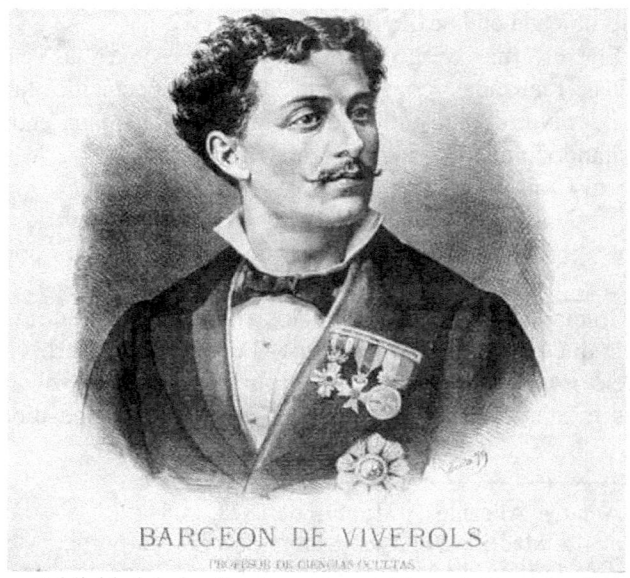

BARGEON DE VIVEROLS

Publicidad de las funciones fonográficas de Bargeon de Viverols

Acto seguido Bargeon grababa su propia voz, establecía diálogos con las grabaciones que ya tenía hechas y daba la oportunidad al público para que grabar alguna frase. En ocasión de su visita a Murcia, donde dio funciones del 4 al 6 de marzo de 1880 en el Liceo, grabó incluso una copla interpretada por un cantante local[124].

En 1878, en la ciudad de Alicante[125], inició su carrera como prestidigitador Adolfo Fó Juliá, quien en las primeras décadas del siglo XX se convirtió en un exhibidor de películas afincado en Valencia. A partir de 1880 se asoció al prestidigitador portugués Miguel Fonseca

---

[123] *El constitucional*, Alicante, 20 de febrero de 1880.
[124] *El Diario de Murcia*, Murcia, 6 de marzo de 1880.
[125] *El Graduador*, Alicante, 2 de febrero de 1878.

–con cuya hija Adelaida contrajo matrimonio en 1881[126]– empezando una serie de giras por ciudades españolas y portuguesas con un espectáculo de prestidigitación que le hizo ser merecedor de los apodos de "El Mefistófeles de la época" y "El Diablo Fó". Así, en un período comprendido entre 1880 y 1884, su presencia se ha datado en Murcia, Cartagena, Almería, Málaga[127], Córdoba, Sevilla[128], Puerto de Santa María[129], Lisboa[130], Funchal[131] –en la isla de Madeira–, Alcoy[132], Petrel e Ibi[133]. Lugares todos en lo que acompañó sus funciones con audiciones fonográficas.

Tras estos años de itinerancia en el mundo de los espectáculos, Fó regresó a Alicante donde ejerció diversos oficios, entre los que se ha podido constatar ser encargado del almacén de papeles pintados "El Timón"[134], rotulador de cristales[135] y capataz mecánico del parque de bomberos de la ciudad[136]. A finales de la última década del siglo XIX, Fó retomó de nuevo la actividad de las audiciones fonográficas. Para ello inauguró el Salón Edisson (sic) en un local de la céntrica calle de Méndez Núñez en la primavera de 1897[137]. La actividad en este tipo de ocio perduró, en competencia con las primeras sesiones de cine realizadas en la ciudad, al menos hasta pasado el verano ya que ofertaba hasta « discursos de de Sagasta y Canalejas»[138]. No obstante la oferta cada vez mayor del recién llegado cinematógrafo –en sus diferentes

---

[126] *El Constitucional*, Alicante, 27 de febrero de 1881 incluyó la noticia del enlace matrimonial entre Adolfo Fo y Adelaida Fonseca en Faro (Portugal). Por otro lado, *Las Circunstancias*, Alicante, 21 de diciembre de 1881, recoge el nacimiento del hijo del matrimonio.

[127] *La Provincia*, Alicante, 9 de abril de 1880.

[128] *Ibíd.*, 26 de mayo de 1880.

[129] *La Unión Democrática*, Alicante, 9 de julio de 1880.

[130] *Las Circunstancias*, Alicante, 21 de diciembre de 1881 y El Constitucional, Alicante, 7 de mayo de 1882.

[131] *El Constitucional*, Alicante, 23 de agosto de 1882 citando al periódico Diario da Tarde de Funchal.

[132] *El Serpis*, Alcoy, 21 de octubre de 1884.

[133] *El Graduador*, Alicante, 30 de abril de 1886 y 18 de junio de 1886.

[134] *El Alicantino*, Alicante, 17 de diciembre de 1892.

[135] *La Correspondencia de Alicante*, Alicante, 12 de marzo de 1897.

[136] *La Unión Democrática*, Alicante, 6 de septiembre de 1899.

[137] *La Correspondencia de Alicante*, Alicante, 28 de marzo de 1897.

[138] *El Ateneo*, Alicante, 30 de abril de 1897.

versiones– motivó que Fó incursionara también en este tipo de exhibición[139] antes de trasladarse a Valencia donde falleció en 1926[140].

A partir ese momento no se encuentran referencias del fonógrafo como espectáculo de masas en el marco geográfico de estudio. Sí que existe, desde 1886, publicidad de venta de este tipo de dispositivo, aunque era un lujo destinado a las clases acomodadas. A finales de siglo de nuevo aparece el fonógrafo asociado a funciones teatrales o a exhibidores ambulantes. Entre ellos destacó Luis Payá, hijo de un importante productor de vinos de Petrel, quien durante el verano de 1896 ofreció sesiones de fonógrafo como complemento a actuaciones teatrales con un programa que incluía grabaciones realizadas de manera particular, tal y como indica el registro de la prensa:

> El Sr. Payá, ha tenido el singular acierto de escoger para su repertorio periodos de discursos elocuentes oradores comprovincianos nuestros y recitaciones de trozos de bella literatura de distinguidos escritores, también de esta provincia. Entre ellos, una bella poesía declamada por D. Vicente Calatayud[141].

De nuevo volvió a emplear su fonógrafo en febrero de 1897 como complemento de las actuaciones de prestidigitación que se realizaban en el Teatro Principal[142]. Tras esta actuación no consta que diera continuidad a este tipo de actividad. Es más, a principios del siglo XX Luis Payá se trasladó a Orán donde se dedicó a la producción agrícola en la finca de su propiedad, llamada Rincón de Melic, pasando años después a abastecer de alimentos al Ejército Español[143].

En la primavera de 1896 inició sus actividades como exhibidor de fonógrafo en las provincias de Murcia y Alicante, José Navarro,

---

[139] En Alicante regentó el barracón "The Vitascope" durante el invierno de 1905. Más información en Narváez Torregrosa, Daniel C.: *Los inicios del cinematógrafo en Alicante. 1896 – 1931*, Filmoteca de la Generalitat Valenciana, Valencia, 2000.
[140] *Diario de Alicante*, 8 de febrero de 1926.
[141] *El Nuevo Alicantino*, Alicante, 11 de julio de 1896. Vicente Calatayud era uno de los más activos políticos carlistas de la provincia de Alicante.
[142] *La Correspondencia de Alicante*, Alicante, 11 de febrero de 1897.
[143] Eladio González Jover: "Personajes petrerenses (II): Gabriel Payá, apuntes para su centenario", disponible en www.petreraldia.com/reportajes/personajes-petrerenses-ii-gabriel-paya-apuntes-para-un-centenario.html/3 [Consultado 25 de abril de 2013]

relojero establecido en Cartagena. Su establecimiento en dicha ciudad –ubicado en la calle Mayor– fue renombrado como Salón Edison.

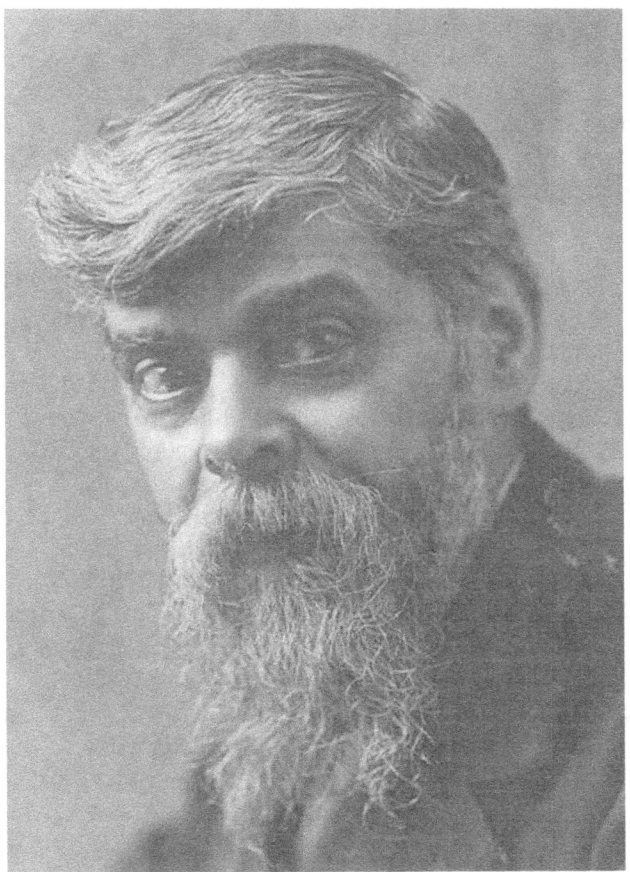

Adolfo Fó Juliá

Con el fonógrafo de su propiedad inició una dinámica consistente en cobrar «10 céntimos por escuchar un número de música o bandas militares [...] o dos números a elegir por 25 céntimos»[144]. Un mes después Navarro se desplazó a Murcia donde en la calle Platería inauguró un local destinado a audiciones sonoras[145] que incluían «un cuento huertano recitado por D. Pascual Martínez [...], bandas

---

[144] *El Eco de Cartagena*, Cartagena, 15 de febrero de 1896.
[145] *Las Provincias de Levante*, Murcia, 3 de marzo de 1896.

militares, cantautores flamencos y notables cantantes de ópera»[146]. Tras un viaje a Madrid y San Sebastián[147] en mayo del mismo año, Navarro regresó a Murcia donde ofreció su espectáculo en el Teatro Romea. En estas funciones empleaba un fonógrafo Edison modelo 1895 e incluía novedades en el programa consistentes en números de música clásica, extractos de zarzuelas y marchas militares[148]. Al mismo tiempo efectuó grabaciones in situ durante alguna de las funciones destacando la que hizo con motivo de la intervención del cantaor José María Celdrán, conocido como el "Nene de las Balsas"[149].

En el mes de julio del mismo año, Navarro se instaló en Alicante, en un local del Paseo de Méndez Núñez que en años posteriores sería utilizado para este tipo de funciones y las numerosas sesiones de cine que llegaron a la ciudad[150]. Por la escasa información existente, únicamente se tiene constancia del empleo de un nuevo modelo de fonógrafo en el que se reproducían cilindros, alguno de ellos grabados en la ciudad y entre los que se publicitaba uno en el que había participado el director de la revista del Ateneo[151], y músicos de la ciudad[152].

No hay más constancia de exhibiciones públicas de fonógrafo realizadas por Navarro en años sucesivos en las ciudades de Murcia y Cartagena. El protagonismo en el marco geográfico lo tuvo el artista de variedades conocido por Leo el Bohemio Barón de Carlesdopol. Quien recorrió la geografía española ofreciendo recitales de poesía, números de prestidigitación, fonógrafo y finalmente sesiones de cine. Su rastro se encuentra en ciudades como Pamplona[153], Barcelona[154], Gerona[155], Reus[156], Alicante[157] de donde partió a Argelia para regresar más

---

[146] *Ibíd.,* 20 de mayo de 1896.

[147] *La juventud literaria*, Murcia, 24 de mayo de 1896.

[148] *Diario de Murcia*, Murcia, 27 de mayo de 1896.

[149] *Las Provincias de Levante*, Murcia, 30 de mayo de 1896.

[150] *El Nuevo Alicantino*, Alicante, 8 de julio de 1896.

[151] *El Ateneo*, Alicante, 10 de julio de 1896.

[152] *Ibíd.,* 18 de agosto de 1896 señalaba «incansable en su afán de aumentar con buenas obras el ya extenso repertorio conque (sic) cuenta, ha alcanzado del afamado pianista, maestro Latorre, que varias de sus distinguidas discípulas cantaran para fijar en dicho aparato, algunas romanzas y melodías, impresionando así un buen número de escogidos cilindros».

[153] *El Liberal Navarro*, Pamplona, 17 de marzo de 1896.

[154] *La Vanguardia*, Barcelona, 26 de enero de 1897.

[155] *La Lucha*, Gerona, 5 de febrero de 1897.

[156] *Diario de Reus*, Reus, 2 de abril de 1897.

adelante y dar unas funciones en el Teatro Principal a finales de mayo[158], Murcia y Calasparra[159], Cartagena[160], Soria[161], León[162], Burgos[163] y finalmente Tarragona[164] desde donde presumiblemente partiera hacia Francia.

En el caso de Alicante hay mención a unas funciones de carácter patriótico efectuadas en 1898 –coincidiendo con la guerra contra Estados Unidos– que se realizaron para recaudar fondos destinados a las tropas españolas. Para esta ocasión, se empleó el fonógrafo particular de un comerciante de la ciudad y se acondicionó un local en la calle Mayor[165]. Si bien sólo queda constancia en la documentación hemerográfica, durante el mes que estuvo funcionando se alcanzó una recaudación de 123,50 pesetas[166]. A partir de este momento, las siguientes referencias que se encuentren en la prensa unirán, invariablemente, el fonógrafo y el cinematógrafo. Había comenzado el devenir de un nuevo espectáculo de masas.

La llegada del cinematógrafo.

En 1896 inició su andadura el cinematógrafo en Alicante. En pocos años[167] se convirtió en la manifestación de ocio preferida por los ciudadanos como queda patente con los llenos que se cosechan tanto en los pabellones de verano, los grandes salones –que en el momento de más esplendor llegaron a ser seis locales dedicados a la exhibición– y las sesiones realizadas con carácter gratuito en parques y barrios de Alicante.

A grandes rasgos, las primeras exhibiciones fueron las siguientes:

---

[157] *El Graduador*, Alicante, 13 de mayo de 1897.
[158] *La Revelación*, Alicante, 25 de mayo de 1897.
[159] *Diario de Murcia*, 10 de julio de 1897.
[160] *Las Provincias de Levante*, Murcia, 28 de julio de 1897.
[161] *Diario de Soria*, Soria, 21 de enero de 1898.
[162] *La Provincia*, León, 21 de abril de 1898.
[163] *El Papa-moscas*, Burgos, 29 de agosto de 1898.
[164] *La Opinión*, Tarragona, 28 de octubre de 1899.
[165] *La Correspondencia de Alicante*, Alicante, 30 de abril de 1898.
[166] *El Liberal*, Alicante, 7 de mayo de 1898.
[167] El período de los inicios y consolidación del cinematógrafo en Alicante puede consultarse en NARVÁEZ TORREGROSA, *op. cit.*

PRIMERAS EXHIBICIONES DE CINEMATÓGRAFO (1896 – 1901)		
Nombre de presentación	Año exhibición	Ubicación
Cinematógrafo Lumière	1896	Café del Comercio
Cinematógrafo Lumière	1896	Teatro Principal
Eliseo Express	1897	Plaza del Teatro
Cinematógrafo Lumière	1897	Plaza del Teatro
Pabellón Visiones Artísticas	1899	Plaza del Teatro
Cinematógrafo Mágico	1899	Teatro Principal
Salón Expres	1900	Plaza del Teatro
Vitascope Edison	1900	C/ Méndez Núñez
Salón Lumière	1901	C/ Jorge Juan

En el caso de Águilas, el cinematógrafo entró a formar parte del ocio de la villa en 1901. Al igual que en otras ciudades de España, y del resto de occidente, la infraestructura de las primeras sesiones de cine tenía un carácter verdaderamente rudimentario, ya que un proyector y un lienzo blanco era todo lo necesario para reproducir las imágenes en movimiento. Estas exhibiciones que eran ofrecidas por toda una serie de exhibidores ambulantes encontraron el favor del público y captaron la atención de los empresarios de las más diversas manifestaciones de ocio popular. Así, en un corto periodo de tiempo, estas proyecciones dejaron de depender de los feriantes que recorrían la geografía española para encontrar un hueco dentro de la vida cultural de –en primer lugar– las principales capitales del Estado, y más tarde los rincones más insólitos de España. En esta coyuntura surge una serie de locales destinados a la exhibición estable y que necesitan renovar sus películas con agilidad para poder ofrecer al público un programa atractivo, por lo que numerosos empresarios efectúan contactos con las principales casas productoras para conseguir el material necesario para sus locales.

Aunque las fuentes no arrojan mucha luz en este campo, por el registro hemerográfico se puede saber que en esta etapa de constitución de la exhibición cinematográfica los empresarios acudían a Francia para comprar proyectores y cintas, que si en un primer momento eran de factura Lumière, posteriormente sería la firma Pathè la que aventaja a la anterior en venta y alquiler. La procedencia de este material, queda patente en las numerosas referencias y en la constitución de programas cinematográficos formados por material netamente francés.

Esta coyuntura es en la que se desenvuelve Marín, llegando a convertirse en un cineasta en el sentido más amplio del término.

Puesto que su primer contacto con la exhibición cinematográfica tuvo lugar en Águilas, es preciso recordar los principales momentos de esta historia. La primera noticia que se tiene de una exhibición cinematográfica en Águilas data de 1900. En agosto de ese año, el comerciante aguileño Pedro López Sánchez solicitó al Ayuntamiento de la ciudad permiso para «tender provisional y temporalmente dos cables eléctricos a fin de conducir la energía necesaria desde la calle de Castelar en que tiene instalada una máquina de vapor […], al almacén de núm. 2 de la calle de Balart, en el que proyecta establecer un cinematógrafo para exhibiciones públicas»[168]. En enero de 1901 López Sánchez insertó en el periódico *Heraldo de Murcia* el anuncio de venta del cinematógrafo. La venta del mismo no se produjo al menos en corto espacio de tiempo, ya que en agosto del mismo año, tras renovar la licencia de explotación del mismo[169], se podía leer en el mismo diario la siguiente crónica:

> Cada día se ve más concurrido el cinematógrafo que hay en esta, propiedad de D. Pedro López, debido a la constante variación que hay de cintas todas a cual más bonita. La cinta que representa "Aladino o la lámpara maravillosa" que tiene 9 minutos de duración no puede dejar de fulgurar todas las noches, por petición hecha del público[170].

No existe más información del cinematógrafo de López por lo que se desconoce si finalmente vendió el aparato.

La siguiente sesión de cinematógrafo fechada con exactitud corresponde a la efectuada en agosto de 1902, mes en el que los Hermanos García –exhibidores procedentes de Cartagena– instalaron su cinematógrafo en la Plaza de la Constitución[171], sin que se sepa nada acerca de la programación de cintas que proyectaban. También en ese mismo mes se instaló el cinematógrafo de Victoriano

---

[168] *Boletín Oficial de la Provincia de Murcia*, Murcia, 16 de septiembre de 1900.
[169] *Ibíd.,* 10 de julio de 1901.
[170] *Heraldo de Murcia*, 22 de agosto de 1901.
[171] *El Liberal*, Murcia, 15 de agosto de 1902.

Aguilar[172]. A partir de 1903 comenzó la actividad cinematográfica de Marín en el balneario España compartiendo protagonismo con sesiones de cine en el Teatro Romero[173] y con el cinematógrafo de Joaquín Morales[174].

=●OCASIÓN●=

Se vende un magnífico Cinematógrafo con todo su material y una bonita colección de películas, todo en estado nuevo. Para informes y precios dirigirse

Pedro López, plaza de la Constitución,

AGUILAS.

Anuncio de venta de un aparato cinematográfico en 1901

A partir de este momento, tuvieron lugar otras exhibiciones siempre con un carácter estacional. Así, en junio del año 1904, se establecieron por un lado el pabellón de los Hermanos Carreño[175] y por otro un barracón de cinematógrafo a cargo de Joaquín Morales[176] siendo uno de los más visitados y el primero en publicitar el título de la película *Novela de amor* en la prensa[177]. La estancia de Morales se alargó más allá de la temporada estival y continuó ofreciendo sesiones de cine hasta febrero de 1905. Este hecho motivó que su barracón recibiera el interés por parte de la prensa con crónicas en las que se afirmaba que «cada día se ve más favorecido por el público el cinematógrafo de D. Joaquín Morales […] Para el domingo próximo se anuncia el estreno de la película de 500 metros titulada Drama social»[178].

Precisamente el año 1905 fue rico en exhibiciones cinematográficas en Águilas, puesto que junto al ya mencionado barracón de Morales, durante los meses de marzo, abril y mayo desarrollaron su actividad exhibidora los Hermanos Pradera, quienes instalaron frente al Balneario España su «perfeccionado, completo y

---

[172] *Ibíd*, 22 de agosto de 1902.
[173] *Ibíd.*, 7 de junio de 1902.
[174] *Ibíd.*, 8 de octubre de 1903.
[175] *Ibíd.*, 25 de junio de 1904.
[176] *Ibíd.*
[177] *Ibíd.*, 10 de agosto de 1904.
[178] *Ibíd.*, 28 de enero de 1905.

elegante»[179] cinematógrafo y que abrió sus puertas al público el 25 de marzo. Como novedad incorporaron uno de los atractivos de la exhibición propia de otras ciudades: el día de moda, en este caso el jueves de moda[180].

También en ese mismo año, los empresarios Munuera y Agar, quienes llevaban su espectáculo cinematográfico de carácter itinerante por las poblaciones más importantes de la provincia de Murcia, tras exhibir sus películas en Lorca, se instalaron en Águilas durante el mes de marzo[181]. Y en la temporada veraniega se instaló el cinematógrafo de Francisco Cámara publicitado como el «que tiene un motor propio para la luz y cuyas películas son preciosas»[182].

En la primavera de 1907 «se autorizó a D. Juan Jiménez Garriga para la instalación de un barracón de hierro y madera en la Plaza del Dr. Fortún, con destino a exhibiciones cinematográficas y otros espectáculos»[183]. No existen más referencias a exhibición estacional en Águilas hasta mayo de 1909, año en el que apareció el Cinematógrafo Luz, barracón del cual no se ha podido localizar más información[184].

---

[179] *Ibíd.,* 23 de marzo de 1905.
[180] *Ibíd.,* 28 de marzo de 1905.
[181] *Ibíd.,* 13 de marzo de 1905.
[182] *Ibíd.,* 24 de agosto de 1905.
[183] NAVARRO GARCÍA, J: *La vara y el escudo. Alcaldes de Águilas en el siglo XX.* Ayuntamiento de Águilas, Murcia, 1994; Pág. 28.
[184] *El Liberal,* Murcia, 16 de mayo de 1909.

LOS PROTAGONISTAS.

José María Marín Albaladejo.

José María Marín Albaladejo nació en Cartagena el 15 de septiembre de 1851 tal y como reflejan diversos Protocolos Notariales de Águilas, fechados a partir de 1890, el notario registra en relación a Marín: «de cuarenta años de edad, natural de Cartagena»[1].

Si bien no se conocen datos de su infancia y juventud, por el registro hemerográfico se sabe que Marín era empleado de la empresa naviera que Luis Figueras y Silvela estableció en Cartagena y Águilas; por lo que en 1890 aparece datada la presencia de Marín en Águilas según consta en el padrón de esta ciudad elaborado en ese mismo años en el que se indica que su domicilio estaba situado en el número 18 de la calle Rey Carlos.

En cuanto a su profesión, el padrón informa que se trata de un comerciante con cédula de clase décima número 317. Estas actividades comerciales a las que se refiere en padrón son diversas, puesto que era empleado del Banco existente en la población[2], tuvo participación en el terreno de la minería, la explotación de un balneario y la exhibición cinematográfica –aspectos que se analizan más adelante–, además de participar en arriesgados proyectos económicos[3]. Pero el puesto de trabajo más importante que ocupó

---

[1] A. M. L. Protocolos Notariales – Protocolo 182 de 18 septiembre de 1890.

[2] Esta información la ofrece el periódico *La Paz de Murcia*, 2 de julio de 1891: «Han salido para Madrid los empleados de la sucursal del banco D. José María Marín y D. Leopoldo Izu, los cuales van comisionados de hacer entrega de varios valores al banco de España».

[3] Entre estos destaca el proyecto que, junto a su cuñado Gabriel Lucas Dols, le lleva a firmar un contrato con la sociedad de la familia Marín Menú – familia omnipresente en la economía aguileña. El proyecto en cuestión se proponía «construir un ferrocarril de vía estrecha desde Águilas a Cuevas pasando por Sierra Almagrera» (DIAZ MARTINEZ, L: "La minería en Águilas: Los Marín Menú" *Cuadernos de temas aguileños*. nº 5 (Águilas) 1999; pág. 30).

hasta el momento de dar un giro y volcarse en la industria del ocio fue en la empresa de Luis Figuera y Silvela importante empresario y político vinculado a negocios de capital francés.

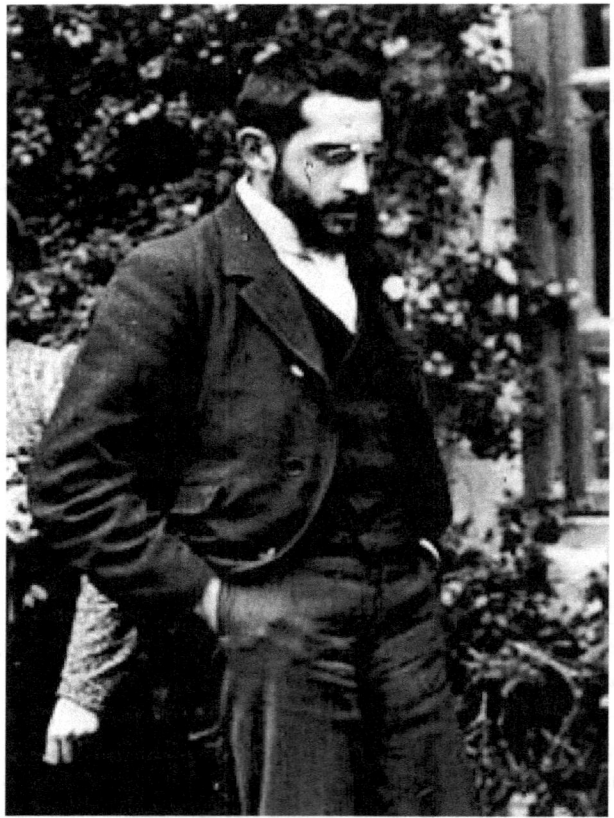

José María Marín en una fotografía realizada por Vaillard

Luis Figuera y Silvela tuvo una actividad política destacada ya que fue diputado por Badajoz (5 de junio de 1873 a 8 de enero de 1874), Cáceres (18 de febrero de 1876 a 30 de diciembre de 1878), Alicante (28 de abril de 1879 a 25 de junio de 1881) y Murcia (4 de junio de 1884 a 8 de marzo de 1886 y 13 de febrero de 1891 a 19 de abril de 1892)[4]. Al mismo tiempo, sus actividades comerciales se relacionan con la minería y como ingeniero de minas desempeñó el

---

[4] Congreso de los Diputados: *Histórico de Diputados 1810 - 1977*. Disponible en website: http://www.congreso.es

puesto de director gerente de la Sociedad Lafitte de París[5] durante su estancia en Badajoz.

El descubrimiento de los yacimientos mineros en la zona de Águilas y Lorca movilizó a las compañías mineras francesas y británicas que se dirigieron a estos nuevos filones. Entre ellas destacó la Compañía Minera de Águilas, fundada en 1880, y que envió a Figuera y Silvela como administrador general[6]. Entre sus objetivos no sólo figuraba el explotar los yacimientos de hierro y plata, sino que debía poner en marcha una infraestructura de comunicaciones que permitiera dar salida a la producción. Así, de manera previa, por medio de un Real Decreto de fecha 21 de marzo de 1879[7] se le otorgó a Figuera la concesión del puerto de Águilas. Para poder construirlo y ponerlo en funcionamiento el 30 de julio de 1879 se creó la Compañía del Puerto de Águilas[8] con un presupuesto para acometer las obras de 1.510.321 pesetas[9]. De manera paralela se otorgó a la compañía la concesión de un ferrocarril que debía unir Águilas con Lorca y Sierra de Almagrera[10].

En 1883, una vez en marcha las instalaciones del puerto, Figuera y Silvela se convirtió en consignatario de la empresa Geo Le Roy – Compañía del Havre; iniciando el 1 de enero de 1883 el envío de buques con carga de minerales a diversos puertos de Europa y Estados Unidos[11].

En este período es cuando desarrolla su actividad José María Marín en calidad de representante de Figuera[12] supervisando la explotación minera y su tránsito hasta el puerto y su embarque con destino a puertos como los británicos de West Hartlepool y

---

[5] Fernando Sánchez Maroyo: "Extremadura" en Varela Ortega, J. (Dir.): *El poder de la influencia. Geografía y caciquismo en España (1875 – 1923)*. Marcial Pons, Madrid, 2001; p. 344.

[6] *La Paz de Murcia*, 7 de julio de 1881.

[7] *Gaceta de Madrid*, 22 de marzo de 1879.

[8] *Ibíd.*, 13 de septiembre de 1879.

[9] Donnet Pareja, B. "Puertos menores de Murcia" *Revista de Obras Públicas*. Nº 1.830 (1910); p. 505

[10] *Gaceta de Madrid*, 3 de abril de 1880.

[11] *El Eco de Cartagena*, 13 de marzo de 1883.

[12] *La Paz de Murcia*, 6 de agosto de 1887.

Newcastle, los franceses de Sète, Le Havre y Saint Nazaire; y los norteamericanos de Filadelfia y Baltimore entre otros[13].

Tras el fallecimiento de Figuera y Silvela en 1892, la estancia de Marín en Águilas se prolongó hasta 1907 año en el que, sin que se sepan los motivos[14], se trasladó a la ciudad de Alicante donde comenzó a desarrollar una actividad comercial ligada única y exclusivamente a la cinematografía. Hasta ese momento, y como se analiza más adelante, las actividades de Marín se centraron en la minería y en la instalación y explotación de un balneario.

Su presencia en la ciudad de Alicante ya se había constatado gracias a los datos referidos a la exhibición cinematográfica y a la necrológica de su esposa, Ángeles Lucas, fallecida en Alicante en marzo de 1908[15]. Años después Marín forma parte del Especta Club, empresa dedicada a organizar corridas de toros en esta ciudad[16]. Junto a estos datos, el censo de 1911 registra que Marín se instaló en una vivienda del número 22 de la calle Castaños. Más adelante se trasladó de domicilio ya que se ha localizado una solicitud que dirige al Ayuntamiento de Alicante[17] –con fecha de 4 de junio de 1917– para efectuar obras en una casa en propiedad que posee en la calle Torrijos número 66, a saber:

> Don José María Marín, vecino de esta ciudad y domiciliado en la calle de Bazán nº 45 a VS acude provisto de la cédula personal que exhibe y retira respetuosamente expone que es dueño de la casa nº 66 de la calle de Torrijos con vuelta a la del Diluvio y deseando correr hasta la fachada la primera crujía del ángulo de dicha casa y al propio tiempo enlucir ambas fachadas de conformidad con los planos memoria y

---

[13] El embarque de las remesas de mineral de hierro y plomo de las minas gestionadas por Figuera y Silvela se puede consultar en la *Gaceta Minera y Comercial*, Cartagena, desde 1884 hasta 1888.

[14] Esta decisión vino acompañada por la venta de todas las posesiones que tenía en Águilas, así como de las participaciones mineras. Esta actividad se produjo en el año 1906 y de ello queda constancia en los Protocolos Notariales de Águilas, no obstante, tan solo se ha podido tener acceso a los índices generales sin que haya sido posible consultar en contenido de cada uno de ellos.

[15] *Heraldo de Alicante*, 20 de marzo de 1908.

[16] *El Pueblo de Alicante*, 20 de diciembre de 1910.

[17] A. M. A. Obras Particulares. Legajo 16/70 (1917) "Aumento de una crujía en segundo piso ángulo casa c/ Diluvio y c/ de Torrijos 66".

dirección del arquitecto que al margen suscribe, por lo que suplica a VE se sirva conceder al expediente la autorización que se interesa.

Según el expediente, el 9 de junio la Junta Provincial de Sanidad emite un informe favorable a la ejecución de las obras lo que comunica al Ayuntamiento. Este por su parte se lo hizo saber a Marín en fecha de 25 de junio al tiempo que le solicitó un pago de 38,98 pesetas.

El 8 de agosto de 1917, a la edad de 66 años, falleció Marín. Su labor por el establecimiento de una industria cinematográfica en la ciudad quedó reconocida en la nota de prensa publicada el mismo día: «Hombre inteligente y laborioso supo dar vida en Alicante al negocio cinematográfico con una perseverancia grande, hasta acreditar como una de las más reputadas de España, su casa productora de películas»[18].

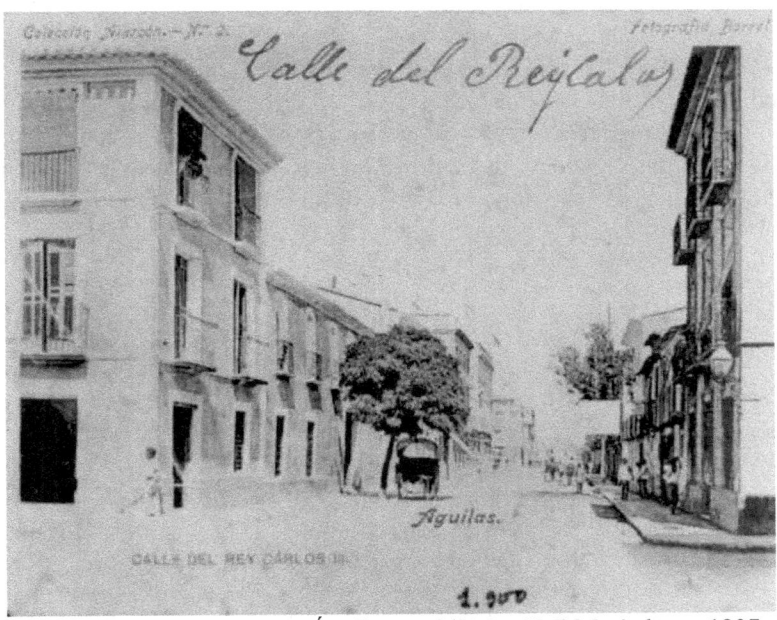

En la calle Rey Carlos III, Águilas, residió José Mª Marín hasta 1907

[18] *Diario de Alicante*, Alicante, 8 de agosto de 1917.

Pero la vida de Marín tuvo un epílogo inesperado ya que en octubre de 1917 se hizo la lectura de su testamento. En su última voluntad legaba el grueso de su fortuna, incluidos las viviendas y el negocio cinematográfico, al Santo Hospital de Cartagena, que no obstante rechazó la herencia. Al mismo tiempo se descubría de manera insólita que su verdadero nombre era José Ramón Albaladejo[19].

Oscar Vaillard.

Oscar Marie Alexandre Vaillard nació el 29 de julio de 1859 en la ciudad francesa de Sète. Era hijo del comerciante Xavier Vaillard y su esposa Zelie Gascard[20]. El domicilio familiar estaba situado en la calle Quai du Bosc[21], importante calle de la ciudad situada junto al puerto y donde se desarrollaba una intensa vida mercantil.

La crisis de 1873 afectó los negocios de la familia Vaillard como a otros pequeños empresarios. La situación económica familiar motivó que Xavier Vaillard solicitara una beca para que su hijo Oscar pudiera continuar sus estudios[22] en el Lycée de Montpellier. Sin embargo la respuesta fue en sentido negativo: «nous avons éte saisis d'une demande de bourse du jeune Vaillard; dans la situation actuelle, il nous est imposible d'y donner suite»[23]. No obstante la

---

[19] *El Porvenir*, Cartagena, 23 de octubre de 1917.
[20] Archives de l'Hérault, Commune de Sète: *Registre de Naissances. 1859 – 1861*. Disponible en website Archives departamentales de l'Hérault: http://archives.herault.fr/Etat_civil-6613.html?btCom=328
[21] Archives de l'Hérault, Commune de Sète: *Cadastre.1861, 1866, 1872*. Disponible en website Archives departamentales de l'Hérault: http://archives.herault.fr/Cadastre
[22] Départament de L'Herault. *Conseil Général. Rapport du préfet et annexes*. Ricard Freres Imprimeurs, Montpellier, 1878, p. 160.
[23] Départament de L'Herault. *Conseil Général. Session de décembre 1877. Procés verbaux des delibérations*. Ricard Freres Imprimeurs, Montpellier, 1878, p. 70.

familia Vaillard volvió a solicitar la ayuda un año después[24], siéndole concedida en octubre de 1878[25].

Debido a la demora burocrática y contando ya con 20 años de edad, Vaillard se alistó voluntario en el ejército el 25 de marzo de 1879. Fue asignado al 19° Regimiento de Artillería[26]. Tras el período de instrucción fue trasladado a la Sección de Secretarios de Estado Mayor en junio de 1880. Hasta el momento de su entrada en la reserva, Vaillard ascendió en dos ocasiones, cabo (1881) y sargento (1882). En 1885 perdió su grado debido a un incidente con la gendarmería de Sète, si bien en el momento de pasar a la reserva recibió un certificado de buena conducta. Según su expediente militar, en 1885 se trasladó a Tarragona donde residió hasta 1887.

Tres años después se instaló en Burdeos, donde comenzó a trabajar en el sector vinícola en calidad de comerciante, no en vano su hermano François había incursionado en este negocio con un resultado adverso ya que en 1886 disolvió la empresa que había formado: Société François Vaillard et P. Granier[27]. Existe constancia del contacto que Oscar Vaillard mantuvo con su familia por el registro del enlace matrimonial de su hermano Henri con Marie Vasserot[28]. También en esta época contrajo matrimonio con Marie Eugenie Bichon con quien estuvo casado hasta la muerte de esta acaecida en 1908 y con quien tuvo un hijo, Maurice, que falleció en un trágico accidente en mayo de 1912.

En 1894, y siempre atendiendo a la información de su expediente militar, Vaillard se trasladó a Alicante fijando su residencia en esta ciudad durante los años finales del siglo XIX y donde entra en contacto con exportadores de vino locales debido a la plaga de filoxera que había arruinado los viñedos franceses. Además,

---

[24] Départament de L'Herault. *Rapport de la Commission départamentale. 2me Session Ordinaire de 1878.* Ricard Freres Imprimeurs, Montpellier, 1878, p. 184.

[25] Départament de L'Herault. *Conseil Général.1re Session ordinaire de 1879.* Ricard Freres Imprimeurs, Montpellier, 1878, p. 16.

[26] Archives de l'Hérault: *Bureau de Recrutement de Montpellier, Clase 1879, Repertoire Alphabetique.* Disponible en website Archives departamentales de l'Hérault: http://archives.herault.fr/

[27] Archives Commerciales de la France, Paris, 21 de Julio de 1886.

[28] Releves Ardeéchois: *Registres Paroissiaux, Mariages, Vallon-Pont-d'Arc, 1893.* Disponible en website: http://releves.free.fr/index.php?page=fichemge&commune=vallon&id=1850

en Sète tenía una sucursal la empresa Mira Navarro y Pastor[29] y existía comunicación directa entre ambos puertos. Durante los años que pasó en Alicante su domicilio se encontraba en la casa Alberola edificio de viviendas construido por el arquitecto Guardiola en 1894, claro exponente de la modernidad arquitectónica de la ciudad que contaba además con el aliciente de estar situada junto al mar.

La presencia de Vaillard en Alicante desde el primer momento es fácilmente rastreable debido a su participación en algunos actos sociales de renombrado prestigio y a su afición por la fotografía dejando una gran cantidad de imágenes de las actividades cotidianas y de los personajes más ilustres de la ciudad. El año 1897 fue especialmente prolífico en referencias.

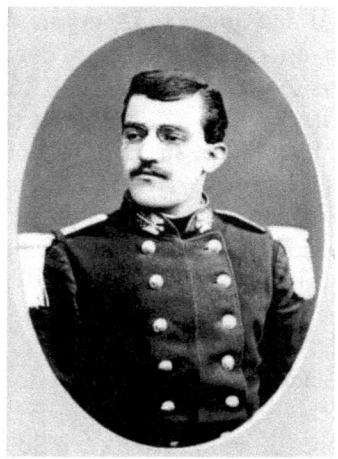 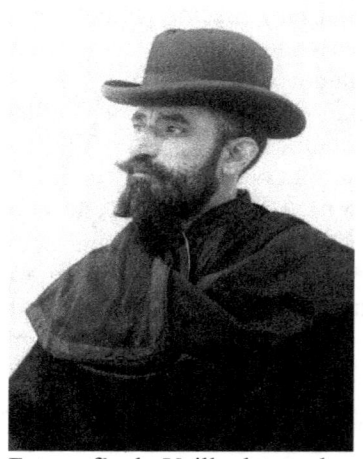

Oscar Vaillard durante su período de servicio en el 19º Regimiento de Artillería	Fotografía de Vaillard tomada en Alicante el 6 de noviembre de 1898

Así, encontramos a Vaillard involucrado en el coro masculino del Círculo Católico con ocasión de la función benéfica para el Asilo de Nuestra Señora de los Remedios[30]. Demostrando de nuevo sus dotes como cantante en un cumpleaños de un miembro de

[29] Archives de l'Hérault: *Annuaire de l'Herault 1892 - 1902*. Disponible en website Archives departamentales de l'Hérault: http://archives.herault.fr/annuaire-de-l-herault-6591.html
[30] *La Correspondencia de Alicante*, Alicante, 4 de enero de 1897.

la burguesía local[31] y en la celebración del 14 de julio junto a la colonia francesa residente en la ciudad. Su afición a la fotografía debía ser harto conocida en su momento ya que fue objeto de unos versos redactados en ocasión de una corrida de toros:

> Pero los versos dejemos
> que son cerca de las cuatro:
> la gente ya se prepara
> á ver salir a los muchachos;
> Vaillard su máquina apresta
> para obtener un retrato
> del paseo de las cuadrillas[32].

En 1900, tras acudir a la Exposición de París, regresó a España para instalarse en esta ocasión en las ciudades murcianas de Lorca y en Jumilla, aunque sin perder vínculos con Alicante. A partir de 1904 fue contratado por la empresa Portillo y Pollet, productores de vino afincados en Jumilla. Precisamente Adolfo Pollet es como Vaillard ciudadano francés. Ambos habían coincidido en la celebración del 14 de julio en Alicante en 1897, ocasión en la que Pollet ofreció el brindis de apertura y Vaillard efectuó una intervención musical[33]. Desde este momento se inicia la colaboración de Vaillard con los negocios de Pollet.

Adolfo Pollet había establecido un próspero negocio de exportación de vinos con sedes en Sevilla y Jumilla. Su empresa no estuvo exenta de la dinámica fluctuante propia de los negocios comerciales, así se puede rastrear en los registros hemerográficos su participación en la Cámara de Comercio de Cartagena[34], la Cámara Agrícola de Jumilla[35], las dificultades con Hacienda[36] y el pago de multas[37] y el desahucio de una de sus propiedades[38].

---

[31] *La Correspondencia Alicantina*, Alicante, 22 de febrero de 1897.

[32] *Ibíd.*, 2 de mayo de 1897.

[33] *La Correspondencia de Alicante*, 16 de julio de 1897.

[34] *Gaceta Minera y Comercial*, Cartagena, 6 de mayo de 1890.

[35] *La Epoca*, Madrid, 27 de enero de 1900.

[36] *El Alicantino*, 21 de julio de 1891 recoge la siguiente noticia: «Ha sido absuelto por la Junta administrativa de la Delegación de Hacienda de Murcia, D. Adolfo Pollet, vecino de Jumilla, en el expediente que se le formó por defraudación de alcoholes».

[37] *La Paz de Murcia*, 22 de mayo de 1894.

Con todo, el negocio de Pollet era de los más importantes a juzgar por el volumen de capital invertido en la compra de cosechas para elaborar vino[39]; y para comercializar sus productos, los cuales no sólo dedica a la exportación a través del puerto de Alicante[40], sino también por medio de tabernas en Cartagena[41] y Murcia. La apertura de nuevos mercados motivó que Pollet formara parte de una comisión de representantes industriales franceses que acudieron a Córdoba para efectuar acuerdos comerciales en la zona[42].

De manera paralela, Pollet también poseía participación en una sociedad minera radicada en Asturias compartiendo capital con su socio Eulogio Acebal Fraile[43].

Así pues, Vaillard estableció contacto con Pollet quien lo puso al frente de la administración de la bodega que poseía en Jumilla. De manera paralela a los aspectos laborales, Vaillard, que había quedado viudo en 1908, entró en el círculo familiar estableciendo una relación muy estrecha con María Pollet, relación que culminó con el enlace matrimonial el 29 de agosto de 1910. Tras ello Vaillard regresa a Alicante donde desarrolla una intensa actividad con José María Marín en el negocio cinematográfico, relación laboral que se mantuvo hasta 1913 momento en el que Vaillard se trasladó de nuevo a Jumilla, incorporándose otra vez a la empresa de su familia política. Vinculación laboral que concluyó en el año 1929 cuando, arrastrada por la crisis mundial, la empresa quebró.

---

[38] *Las Provincias de Levante*, Murcia, 25 de marzo de 1896.

[39] *Ibíd.*, 28 de noviembre de 1891 señala que en la temporada presente Pollet «ha comprado ya más de 200.000 arrobas».

[40] La prensa alicantina recoge con cierta frecuencia el registro de mercancías que llegan al puerto de Alicante. En el caso en cuestión numerosos artículos publicados en *El Liberal, La Correspondencia de Alicante* y *La Correspondencia Alicantina* constatan la llegada de los envíos de Pollet al puerto para ser embarcados con destino a Francia.

[41] *El Liberal,* Murcia, 23 de diciembre de 1903, señala la apertura de una taberna en la calle Cuatro Santos en Cartagena y el mismo diario en su edición del 5 de junio de 1904, indica la apertura de un local en la calle Trapería de Murcia, al tiempo que asegura que la producción Pollet «no se trata de una mera industria, sino de una fabricación científicamente realizada, sobre la base de los exquisitos vinos de nuestra provincia».

[42] *Diario de Córdoba*, Córdoba, 16 de octubre de 1913.

[43] *Boletín Oficial de la Provincia de Oviedo*, 1 de septiembre de 1917 y 28 de diciembre de 1917 dan fe de la explotación minera de la sociedad.

Se inició un nuevo momento en la vida de Vaillard ya que en 1931 se trasladó a Cartagena para entrar a trabajar en La Maderera de Cartagena; puesto de trabajo al que accedió tras la intervención de la baronesa Asunción Espinosa de los Monteros, con la que mantenía una gran amistad y que de igual manera había conocido a José María Marín. La actividad[44] de Vaillard en dicha empresa concluyó a finales de 1931, momento en que se trasladó a Valencia donde ejerció de secretario de la Cámara de Comercio Francesa hasta 1941, año de su fallecimiento.

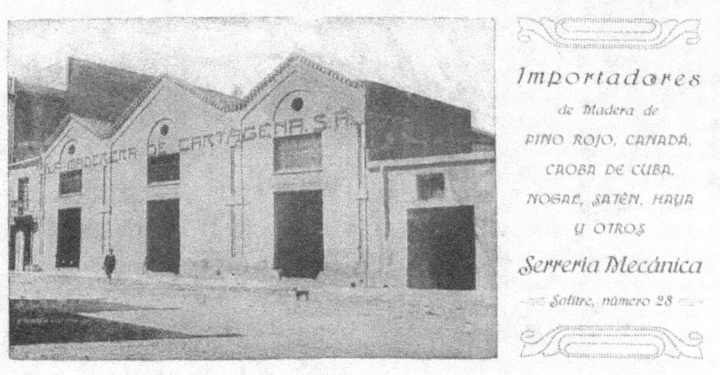

Empresa La Maderera de Cartagena donde trabajó Vaillard en 1931

---

[44] La actividad de Vaillard fue de índole administrativa tal y como se desprende de dos recortes de prensa localizados, a saber: *República*, Cartagena, 25 de junio de 1931, donde se menciona que Vaillard ha efectuado la solicitud de una sierra mecánica para la fábrica; y *Cartagena Nueva*, Cartagena, 5 de diciembre de 1931, donde Vaillard denuncia el robo de 25,50 pesetas efectuado en las instalaciones de la fábrica.

LA ACTIVIDAD COMERCIAL DE MARIN: 1886 – 1891.

Con anterioridad a la incursión de Marín en el mundo de la cinematografía, este desarrolló diversas actividades en Cartagena y Águilas con las cuales –a todas luces– reunió un capital considerable que luego pudo invertir en el negocio del cine. Ya se ha mencionado su relación laboral con la empresa de Luis Figuera y Silvela, por lo que a partir de este apartado se va a prestar atención a las actividades que realiza de manera personal o en compañía de asociados.

Minería: sociedades y explotación.

A partir del descubrimiento de filones de plomo en la Sierra de Almagrera en Almería, se reactivó la actividad minera en el sudeste español, en concreto destacaron las explotaciones que se efectuaron en la sierra de Cartagena, La Unión, Mazarrón, Lorca y Águilas.

Aprovechando esta coyuntura, José María Marín aparece ligado a una serie de intervenciones en el campo de la minería, circunscritas estas a la zona de Águilas –cuya configuración ya se ha explicado anteriormente– y Morata (Lorca), valle enclavado entre la sierra de Almenara y la costa, y con gran abundancia de mineral de hierro[1]. La participación de Marín en este negocio, a la par que gestionaba las explotaciones de Figuera y Silvela, le permitió adquirir participación en las siguientes minas[2]:

Mina	Paraje	Término
Sergia	El Bosque	Morata (Lorca)
No te escaparas	Mazarrón	Mazarrón
La Bermeja	Cabezo Bermejo	Morata (Lorca)
Pepe	Talayón de los Bermejos	Morata (Lorca)
Los Ángeles	Cabezo de Mari–García	Morata (Lorca)
Lagartijo	Barranco de Sisar	Lorca
Lepanto	Barranco del Corral	Lorca

---

[1] *Gaceta Minera y Comercial*, Cartagena, 9 de diciembre de 1890 ofrece un amplio estudio de esta cuenca minera.
[2] Información elaborada a partir de la *Gaceta Minera y Comercial*.

Marina	Salina de las Monjas	Lorca
La escondida	Cabezo de las Toscas	Lorca
El buscón	Cabezo de los Villares	Lorca
La inmaculada	Garrofo del Julepe	Lorca
Carlos	Cuesta del Gos	Águilas
Dolores	Barranco del Trovador	Águilas

Marín perteneció a diversas sociedades mineras de Cartagena y Águilas. Así, la primera noticia que se tiene en este sentido sitúa a Marín como accionista de la Sociedad Minera Los Cazadores, creada en Cartagena el 29 de marzo de 1890, «para la explotación de la Mina de hierro del mismo nombre sita en el paraje llamado El Bosque, diputación de Morata, término de Lorca»[3]. Marín adquirió una acción en abril de 1890[4], y más adelante fue contador tesorero de esta sociedad. En enero de 1892 traspasó su título de propiedad a Adela Figueroa de Rouvillion. Al mismo tiempo también tuvo participación en la sociedad minera cartagenera Trinidad[5]. Por último, en abril de 1892, Marín junto a varios socios firmó ante notario[6] la sociedad minera La Conciliadora para el laboreo y explotación de las minas *Carlos* y *Dolores*, ambas de mineral de plomo y ubicadas en Águilas. La sociedad constituida tenía su domicilio social en Águilas y contaba con un capital inicial de 2500 pesetas repartido en acciones nominativas de 25 pesetas. La vida de esta sociedad fue efímera puesto que casi desde un principio la explotación de las minas no se tradujo en beneficios, lo que motivó que en 1893 la sociedad adeudara «cuatro trimestres por canon de superficie»[7]. Dos años después se anuló la concesión de explotación para ambas minas[8]. En cuanto al reparto de acciones quedó como sigue:

Propietario	Nº acciones
Juan Berné	28,5
Gabriel Roca	12,5
Carlos Sánchez	40

[3] *Ibíd.*
[4] Acción número 18 de la Sociedad Especial Minera Los Cazadores a nombre de José María Marín Albaladejo.
[5] *Ibíd.* Protocolo 281 de 5 de noviembre de 1891.
[6] *Ibíd.* Protocolo 98 y 99 de 26 abril de 1892.
[7] *Gaceta Minera y Comercial*, Cartagena 10 de octubre de 1893.
[8] *Ibíd.* 15 de enero de 1895

José María Marín	9
Gabriel Lucas	1
Resto en depósito (Tesorero)	9
Total	100

En segundo lugar, la compraventa de títulos de propiedad de minas fue una constante en el historial de Marín. De esta manera el 28 de julio de 1890 el ingeniero Pablo Nogués cedió a Marín la mina *La Bermeja*[9]. Trascurrido un año, – en concreto el 26 septiembre de 1891– Marín procedió a vender esta mina a la compañía londinense Murcia Mines Company Limited firmando el acuerdo el apoderado de la empresa en Cartagena Alfred Jameson Waterlow[10]. La citada mina tenía una extensión de 120.000 m², estaba situada en el Cabezo Bermejo, diputación de Morata (Lorca). El precio de venta fue establecido en 1.950 pesetas, las cuales le fueron abonadas puntualmente por la firma británica.

Otra operación registrada en los archivos se fecha el 18 de septiembre de 1890 cuando Marín adquirió acciones de la mina *No te escaparás* ubicada en Mazarrón y propiedad de Francisco Fernández Martínez y Florencio Cervetto Belda. La operación le supuso a Marín un desembolso de 656,25 pesetas[11]. Por último, el 12 de noviembre de 1896 Marín vendió por 150 pesetas a Salvador Vera Asensio la mina *Sergia*[12], ubicada en Morata contaba con una extensión de 120.000m² de la que se extraía mineral de hierro.

Una última participación en el negocio minero lo supuso el arriendo de dos minas de su propiedad[13]. El 13 de abril de 1892 José

---

[9] A.M.L. Protocolos notariales de Águilas, Protocolo nº 233 año 1891.

[10] Ibíd. recoge el poder otorgado por la central de Londres a favor de este empleado de la firma, a saber: «La Compañía Limitada de Minas de Murcia siendo una Compañía formada para la compra de minas de hierro o derechos mineros en el Reyno (sic) de España o en otra parte y para trabajar las minas de hierro u otros derechos mineros en el Reino de España u otra parte y para vender las minas de hierro, otros minerales u otra propiedad cualesquiera perteneciente a la Compañía en la actualidad y para otros propósitos constituimos, señalamos y nombramos por la presente al Caballero Alfredo Jameson Waterlow ahora permaneciendo en Cartagena en el Reino de España, nuestro verdadero y legal apoderado para los propósitos expresados».

[11] A. M. L. Protocolos notariales de Águilas. Protocolo nº 182 año 1890.

[12] *Ibíd*. Protocolo 403 de 1 de septiembre de 1896.

[13] *Ibíd*. Protocolo nº 88 año 1892.

María Marín arrendó a Ramón Domingo Arnau Calderón las minas *Pepe*, de mineral de hierro con una extensión de 240.000 m² situada en Talayón de los Bermejos (Lorca), y *Los Ángeles*, también de mineral de hierro con un área de 120.000 m² y ubicada en Cabezo de Mari García (Lorca) por un período de 25 años. Los términos del arriendo estipulaban que «Arnau abonará al propietario cincuenta céntimos de peseta por cada tonelada de mil cien kilos de mineral de hierro que extraiga de las referidas minas [...] si en la explotación de las indicadas minas encontrare otros minerales más ricos que el de hierro abonará al propietario el veinticinco por ciento»[14].

El proyecto del ferrocarril Águilas – Vera.

El amplio despliegue de la actividad minera en el sudeste peninsular que se produjo a partir de la segunda mitad del siglo XIX derivó en el desarrollo de unas redes ferroviarias capaces de transportar la producción minera a los principales puertos de embarque: Cartagena, Mazarrón, y Águilas entre otros.

En esta coyuntura apareció de nuevo la figura de José María Marín, en este caso como uno de los principales participantes del proyecto de ferrocarril entre Cuevas de Vera (Almería) y Águilas.

A principios del año 1896 Marín se asoció con el empresario madrileño Alfonso Medina y Vera y con el ingeniero de minas Cesar Rubio Muñoz con objeto de constituir una «sociedad civil particular»[15], para construir el mencionado tramo ferroviario. Según las cláusulas de constitución de esta sociedad las aportaciones monetarias de cada uno de los socios por acción fue la siguiente:

NOMBRE	Nº ACCIONES	CANTIDAD (Pts.)
Alfonso Medina Vera	3	6000
José María Marín	1	2000
César Rubio Muñoz	1	2000

A pesar del desembolso económico este proyecto no consiguió tomar forma, de manera que en marzo de 1896 Marín, por medio de su apoderado y cuñado Gabriel Lucas Dols –natural de Barcelona y afincado en Águilas– vendió su única acción a la familia

---

[14] *Ibíd.*
[15] *Ibíd.* Protocolo 96, 1 de septiembre de 1896.

Marín Menú por la misma cantidad que había invertido[16], recuperando así un dinero que pudo invertir en posteriores negocios.

El proyecto de ferrocarril –ya sin la participación de Marín–, que contaba con el visto bueno del Gobierno[17] no pudo salir adelante «al no poder el ayuntamiento contribuir por su parte de una manera eficaz a su realización por falta de recursos»[18].

---

[16] Esta información la señala, aunque con notables errores, DIAZ MARTINEZ en "La minería en Águilas" op. cit. Pág. 30: «[A primeros de octubre de 1897] esta sociedad [Sociedad de los Marines] junto con Lucas Dols de Murcia y José María Marín Albaladejo, habían hecho un contrato con el objeto de construir un ferrocarril de vía estrecha desde Águilas a Cuevas pasando por Sierra Almagrera. Todo quedó en mero proyecto y las 2000 pesetas invertidas en acciones la familia Marín las perdió». Tras contrastar los datos en numerosos archivos queda claro que la venta se produjo en marzo de 1896, que Lucas Dols era vecino de Águilas aunque nacido en Barcelona. Por último la operación de Marín Albaladejo con la Sociedad de los Marines fue una hábil operación para recuperar la suma invertida en un proyecto que estaba abocado al fracaso por la situación de la economía pública y no tanto por los inversores privados.

[17] De hecho, la Dirección General de Obras Públicas tramitó la solicitud presentada por Medina y Vera relativa a la declaración de esta línea ferroviaria de «utilidad pública» (*Gaceta de Madrid*, 10 de enero de 1897). Posteriormente el Gobierno otorga a Medina y Vera la concesión del ferrocarril de vía estrecha «que partiendo de Águilas y pasando por Sierra Almagrera, termine en Cuevas de Vera, con los ramales necesarios al desagüe del Arteal y a Pulpí» (*Gaceta de Madrid*, 15 de abril de 1899.

[18] A. M. Ag. Acta Capitular de 22 julio 1897.

MARÍN Y LA CULTURA DEL OCIO.

El Balneario España.

La última década del siglo XIX supuso la incorporación de una nueva actividad en los negocios de Marín. En este momento, Águilas se convirtió en un centro receptor de turismo veraniego. Acudían los principales representantes de la burguesía de la región de Murcia y de las cercanas provincias de Alicante y Almería.

Apercibido de la importancia creciente de este movimiento estacional relacionado con el ocio en las zonas costeras y conocedor de la instalación de balnearios en diversas ciudades españolas, Marín se decantó por introducir esta oferta en la villa de Águilas, intentando atraer hacia si a los veraneantes con una infraestructura organizada, atractiva y con el máximo confort, capaz de competir con las casetas de baño ya existentes y que no pasaban de ser construcciones de menor entidad[1].

Su proyecto recibió el nombre de Balneario Niágara, y bajo este nombre es como aparece en toda la documentación que tramita en diferentes organismos. No obstante, una vez que consiguió todos los permisos pertinentes para poder hacerlo una realidad, abandonó este nombre cambiándolo por el de Balneario España[2].

La historia de este establecimiento de baños comenzó con la petición que Marín dirigió al Ministro de Fomento en el año 1890. Ese mismo año, el Ayuntamiento de Águilas emitió su valoración al respecto tras una sesión celebrada el 19 de diciembre de 1890, tal y como se expone a continuación[3]:

---

[1] Al respecto algunos sectores de la población ilustrada de Águilas manifestaban su desacuerdo con la presencia de estas instalaciones refiriéndose a ellas como "barracas de estera impropias de un puerto de baños como el nuestro y que dice muy poco a favor de la higiene y ornato público" (*La Paz de Murcia*, 25 de junio de 1892).

[2] Este es el nombre que se ha elegido para referirse al Balneario en todo momento, apareciendo el primitivo nombre Niágara solo cuando lo obliga la referencia a la documentación consultada.

[3] A. M. Ag: Actas Capitulares 1890.

La comisión que suscribe nombrada por el Ayuntamiento en su sesión de cinco del actual para formular informe acerca del proyecto de balneario marítimo en la playa de poniente de esta población presentado ante el Excmo. Sr. Ministro de Fomento por Don José María Marín Albaladejo y que al indicado objeto ha remitido el Sr. Gobernador Civil, evalúa su contenido haciendo constar:

1º Que ha practicado un detenido y minucioso examen de los documentos todos de que se compone el proyecto y no puede por menos de reconocer que se trata de una importante mejora, de tal oportunidad en las presentes circunstancias en que ya se deja sentir el desarrollo de esta población, debido a la construcción del puerto y la del ferrocarril, que urge la realización del indicado proyecto si este pueblo ha de ponerse a la altura de los otros del litoral que ofrecen estos elegantes y magníficos establecimientos, obteniendo con este motivo en la temporada veraniega una extraordinaria concurrencia de forasteros, cuyos beneficios alcanzan a todas las clases.

2º Que la instalación de dicho balneario está marcada en el punto apropiado de la playa donde el fondo del mar se compone de un suelo arenoso y limpio, ofreciendo a los bañistas un recreo y comodidad envidiables a todos los puertos donde existen estos establecimientos.

3º Que los materiales de construcción de que habla la memoria que forma parte del proyecto indica ya la solidez que la obra ha de […] y que es necesaria atendiendo al carácter de permanencia que por el constructor se la ha dado; cuya circunstancia unida a las demás condiciones recreativas y de higiene que el balneario presenta, hacen excusable toda argumentación que venga a demostrar las grandes ventajas que el país ha de obtener con el desarrollo de estos establecimientos que en época no muy lejana han de poblar estas playas.

4º Que entre los documentos que comprende el expediente aparece un escrito de protesta y oposición dirigido al Señor Gobernador Civil de la provincia por los individuos que en los veranos se ocupan de levantar barracas destinadas a los baños de mar; y descartando la comisión cuanto se refiere al derecho que alegan por estar esta cuestión reservada a la superioridad, se limitan a hacer constar que no teniendo este proyecto el carácter de exclusivo, pueden los opositores salvar los perjuicios que invocan instalando en la playa, antes citada, sus barracas, atemperándose a las prescripciones de la ley de puertos que para concesiones de carácter temporal solo imponen el permiso de la Alcaldía de esta villa de acuerdo con la Autoridad de Marina.

Fundada pues la Comisión que suscribe en cuanto queda expuesto, entiendo que el Ayuntamiento, como representante de este municipio, debe prestar su informe favorable al proyecto de balneario marítimo presentado por Don José María Marín, sin prejuicio de los intereses de la navegación y la pesca, por constituir según queda dicho, una indiscutible mejora de carácter general.

De igual modo, la Comandancia de Marina, de la cual dependían las instalaciones en las costas, emitió un informe el 6 de enero de 1891, en estos términos[4]:

Debo manifestar a VS que el balneario que solicita D. José María Marín Albaladejo, vecino de esta villa, estudiado que ha sido con detenimiento y visto el terreno marcado en el plano correspondiente, resulta que no afecta en nada la citada instalación a la navegación e industria de pesca ni hay tampoco perjuicio de tercero, siendo por el contrario de utilidad suma porque vine a llevar una necesidad reclamada hace tiempo en vista de la creciente aglomeración de forasteros, que en la temporada de baños visitan esta villa.

Será condición precisa el conceder esta petición sostenga durante la temporada un buen nadador matriculado, que responderá a esta Ayudantía del buen orden y moral por la parte de playa comprendida en el establecimiento el que estará constantemente vigilando durante las horas de baños.

Tras los informes positivos, el siguiente paso burocrático que se produjo fue la autorización por parte del Ministerio de Fomento, hecho que se produjo el 14 de mayo de 1891, y publicada en la Gaceta de Madrid unos días después[5]:

De conformidad con el dictamen de la sección 4 de la Junta Consultiva de Caminos, Canales y Puertos y lo propuesto por esta Dirección General, S. M. El Rey (Q. D. G.) y en su nombre la reina Regente del Reino ha tenido a bien otorgar a Don José María Marín Albaladejo la autorización solicitada

---

[4] A. Z. M. M.: Provincia marítima de Cartagena y su distrito. I. M-V-Q Legajo 1

[5] *Gaceta de Madrid*, 20 de mayo de 1891.

para establecer un balneario con carácter permanente en el puerto llamado de Poniente de la Villa de Águilas».

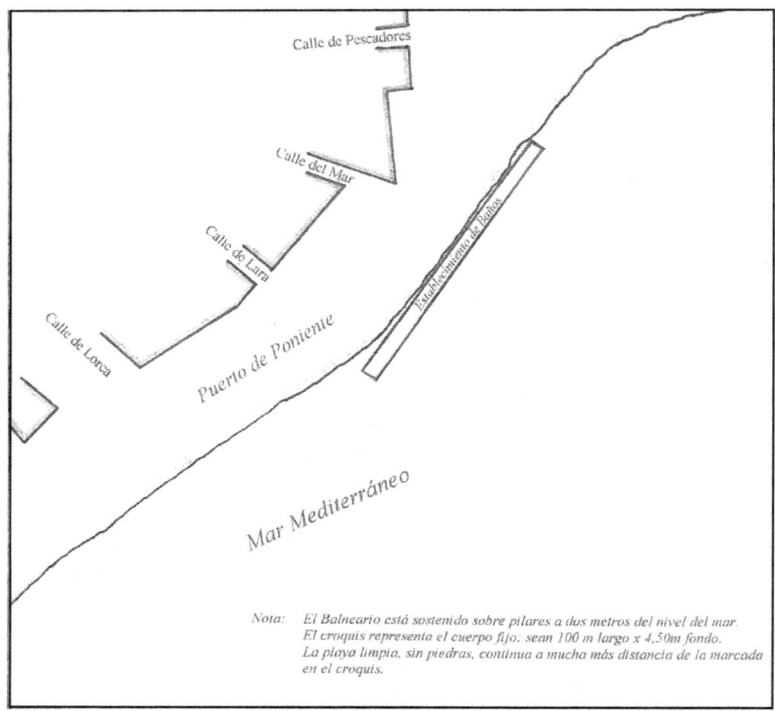

Reconstrucción de la ubicación del balneario según el proyecto original

Decisión que se le comunicó a Marín el 23 de mayo de 1891 por parte de la autoridad competente[6]. Días después –el 20 de mayo de 1891– el Gobernador Civil de la provincia de Murcia dirigió un comunicado[7] a la Alcaldía de Águilas en la que informó de la disposición de la Real Orden al tiempo que señalaba una serie de

<hr />

[6] A. Z. M. M. En la carpeta ya citada se encuentra el siguiente escrito, a modo de acuse de recibo de la concesión del permiso de instalación del balneario, firmado por Marín: «De orden del Sr. ministro lo comunico a VS para su conocimiento y demás efectos. Y lo traslado a V para que lo haga al interesado a los efectos oportunos».

[7] El siguiente documento fue encontrado en la carpeta de Secretaría General, sin que tuviera una signatura precisa. En todo caso, el encabezamiento del mismo señalaba lo siguiente: «Alcaldía constitucional de Águilas = número 562 = El Sr. Gobernador de la Provincia con el n° 1473».

condiciones que habían de cumplirse puntualmente y que afectaban a la construcción y gastos de la obra, a saber:

1ª Las obras se ejecutarán con arreglo al proyecto presentado en el emplazamiento que en el mismo está marcado y bajo la inspección y vigilancia del Ing. Jefe de la Provincia.

2ª El referido Ingeniero Jefe de la provincia hará el replante general el edificio el deslinde e la porción de playa que ha de utilizar el solicitante consignado ambas operaciones en un acta e as que se extenderán tres ejemplares en que consten la conformidad del solicitante de ellos se elevará uno a la Dirección general de Obras públicas, otro se entregará al interesado y el tercero quedará archivado en las oficinas del Ing. Jefe.

3ª Las obras deberán comenzarse dentro de los dos primeros meses y terminarse dentro del año, a contar desde la fecha de publicación de esta autorización en la Gaceta e Madrid y una vez terminado serán reconocidas por el jefe de la provincia el cual si las encontrase conforme en lo establecido en las prescripciones anteriores lo hará constar en acta que con el firmara el interesado o quien debidamente autorizado le represente y de la cual se extenderá también tres ejemplares que tendrán igual destino que los del acta de la conclusión anterior.

4ª No podrá ser abierto el edificio al servicio público sin que haya sido cumplida la segunda parte de la prescripción tercera.

5ª Todos los gastos que originen la inspección y vigilancia de las obras, su replantes y reconocimientos que se consideren necesarios por el Ing. Jefe, serán e cuenta del concesionario.

6ª Las faltas de cumplimiento por parte de este último, a cualquiera de las anteriores prescripciones será causa bastante para acordar la caducidad de esta autorización y declararlo con sujeción a las disposiciones vigentes.

7ª Si fuera necesario el terreno cuya ocupación se otorga para otra obra o servicio de interés general, el concesionario tendrá la obligación de dejarlo completamente expedito en el plazo que se señale y sin derecho a otra cosa que a utilizar los materiales procedentes de la demolición de las construcciones que haya ejecutado.

8ª Esta concesión se entiende hecha por plazo ilimitado, sin perjuicio de terceros salvo el derecho de propiedad, y sometida a cuanto le sea aplicable de las disposiciones contenidas en la ley de puertos de 7 de mayo de 1880.

Una vez enterado de todos los requisitos, Marín se dispuso a comenzar las obras, aunque antes tuvo que presentar a Daniel Sánchez, Ayudante Militar de Marina del Distrito de Águilas, un plano en el que se recogía la ubicación y medidas exactas del recinto. Este croquis fue remitido a la Comandancia de Marina, junto a un escrito de la alcaldía de Águilas que se había visto en la necesidad de tomar la decisión de reubicar a los pescadores que tradicionalmente desarrollaban su labor en el lugar donde se iba a erigir la construcción lúdica de Marín[8]:

> Habiéndome presentado D. José María Marín Albaladejo, vecino y del comercio de esta villa manifestándome que por real Orden del Ministerio de Fomento de 14 de mayo último, previo expediente, se le ha concedido autorización para establecer un balneario con carácter permanente en el puerto de Poniente en esta localidad y que en consecuencia lo ponía en mi conocimiento, así como de que sea luego por el Sr. Ingeniero Jefe de esta provincia se haga el replanteo del edificio y el deslinde de la posición de playa que ha de utilizar dará comienzo a las obras, con objeto de que en la inmediata temporada pueda quedar abierto al público, le ha interesado bajo devolución la soberana resolución cuya copia es adjunta y también un croquis del trozo de playa en que ha de quedar emplazado el establecimiento, que igualmente a fin de que la autoridad de VS pueda formar juicio exacto de todo y ante la idea de que pudiera formularse reclamaciones en contra sin embargo de que en 6 de enero del presente año el entonces Ayudante de este distrito emitió informe favorable a esa Comandancia consecuente con Decreto recaído en el citado expediente con fecha de 29 de Diciembre anterior.
> Como VS tendrá lugar de observar, el referido balneario, va a ocupar una parte de la playa limpia destinada a (…) real en una extensión de 100 metros de longitud por 4,50 ídem de latitud, precisamente donde años anteriores, desde inmemorial, puede decirse, han venido instalando temporalmente casetas para baños de forma irregular y como en época primitiva, a tenor de lo dispuesto en el capítulo VI artículo 39 de la vigente Ley de Puertos de 7 de mayo de 1880, tratan otros vecinos de solicitar permiso para que su colocación, si bien ha reducido número y a continuación del

---

[8] *Ibíd.*

balneario, origen de esta comunicación. Como quiera que es un hecho consumado la concesión de este, no es pertinente exponga a VS pero no obstante lo consigno, se que a mi entender, deberá el funcionario que desempeña esta ayudantía en enero del año actual, haber informado en el sentido, de que siendo el sitio destinado para pesca de las jabegas, no procedía la concesión con carácter permanente, cual preceptúa el artículo 42 de la propia ley, si no temporalmente con arreglo al 39 ya citado y de este modo los meses de más calor que es cuando tienen lugar los baños de mar. La omisión no puede ahora subsanarse de otro modo, que disponiendo como he dispuesto, se corran los pescadores más al Norte para hacer sus boles o lances, puesto que la playa por ser limpia se presta a ello, sin dificultades y perjuicios. Todo cuanto me honra en poner en el superior y debido conocimiento de VS a los fines que mejor estime.

Estas medidas fueron aprobadas por el Comandante de Marina en fecha de 19 de junio[9], autorizándose las obras. No obstante, en mayo de 1891 el balneario se encontraba en pleno proceso de construcción, por mucho que los comunicados oficiales fecharan en junio el inicio de las obras[10]. Obviamente Marín se adelantó a los lentos plazos burocráticos intentando tener disponible el balneario para la inminente temporada veraniega de 1891. Este hecho no era desconocido ya que la prensa local seguía de cerca la evolución de este establecimiento con referencias como la siguiente: «ya se están preparando las maderas para la construcción de un

---

[9] *Ibíd.* «En vista de lo que me manifiesta VS en oficio de 8 del actual nº 339, trascribiendo otro del Ayudante del Distrito de Águilas de lo del mismo, en que da cuenta de la concesión hecha por Fomento a Don José María Marín Albaladejo para la instalación de un balneario en aquel puerto, apruebo lo dispuesto por dicho ayudante, referente a que los pescadores se corran más al Norte del sitio designado para construir esta balneario, a fin de que puedan hacer sus boles o lances, puesto que la playa por ser limpia se presta a ello, sin dificultades ni perjuicios. Lo expreso a VS para su conocimiento a fines consiguientes y en contestación a su citado oficio».

[10] *Ibíd.* Con fecha de 11 de junio se registra la entrada en Comandancia de Marina del siguiente escrito (fechado en Águilas el día 9): «en la tarde de ayer sin intervención de esta dependencia se ha llevado a cabo por un ingeniero, delegado del Señor Jefe de esta provincia el replanteo y deslinde de playa que ha de ocupar el balneario [...] en el día de hoy han empezado los trabajos por la colocación de estacas».

nuevo balneario que se ha de instalar en la playa de poniente»[11]. Las obras fueron efectuadas a buen ritmo y a principios de julio las instalaciones fueron inspeccionadas por Antonio Morales Amores ingeniero jefe de primera clase del Cuerpo de Ingenieros de Caminos Canales y Puertos[12].

La noticia de la inminente apertura del establecimiento fue recogida en la prensa local, anunciándose que «el 15 de julio se verificará la bendición e inauguración solemne del magnífico balneario El Niágara, recientemente construido en Águilas»[13]. Tras recibir el dictamen positivo por parte del ingeniero, el día 12 de julio se inauguró el Balneario[14]. Dicho acto fue objeto de una nota de prensa al día siguiente:

> Ayer se verificó la inauguración de este magnífico balneario, el cual fue bendecido solemnemente. Por la noche estuvo aquel iluminado a la veneciana, presentando un sorprendente y vistoso golpe de vista. En el salón se verificó un animado baile, que fue favorecido por numerosas parejas y por una gran concurrencia. El nuevo balneario es proclamado por todos cuanto lo visitan como el primero del Mediterráneo, por sus condiciones de comodidad y solidez[15].

Como se ha mencionado no existe constancia fotográfica del interior del balneario, no obstante gracias al registro hemerográfico se puede efectuar una somera descripción de este recinto de baños y de las comodidades con las que contaba:

> Este establecimiento está enclavado dos metros sobre el nivel del mar en la orilla de la playa conocida por Puerto de Poniente, tiene en su centro un espacioso salón de descanso que sirve al mismo tiempo de restaurant, treinta casetas cómodas e independientes para baños de familia, con lavabo, agua dulce, espejos, perchas, etc. Y por último dos grandes

---

[11] *Las Provincias de Levante*, Murcia, 16 de mayo de 1891. Por su parte, el *Diario de Murcia*, 30 de mayo de 1891 publicaba: «Se está construyendo en Águilas un gran balneario».
[12] *Revista de Obras Públicas*, Madrid, 2 de febrero de 1899.
[13] *Las Provincias de Levante*, Murcia, 26 de junio de 1891.
[14] *La Paz de Murcia*, 11 de julio de 1891: «Mañana se inaugurarán en Águilas los baños del Niágara, de los cuales tenemos las mejores noticias».
[15] *Ibíd.*, 13 de julio de 1891.

albercas o baños generales, una para señoras y otra para caballeros situadas uno en cada extremo del Balneario[16].

Para explotar las instalaciones, Marín organizó la Central del Balneario, una de las primeras agencias turísticas de Murcia, desde la que se gestionaban reservas de hotel, transporte, entradas para el teatro y desde luego abono para las casetas de baños, cuyas tarifas fueron las siguientes[17]:

CASETAS		
Horario	**Abono 9 baños**	**Sueltos**
De 10 a 14	8 pts.	1 pta.
Resto del día	6 pts	0,75
ALBERCAS		
Abono	0,75	
Suelto	0,10	

En cualquier caso, el éxito del balneario fue inmediato y no solo como punto de encuentro en el que disfrutar de los baños de mar, sino que se convirtió en un centro de ocio nocturno de relevante notoriedad, en el que Marín ofertaba cada noche espectáculos tan variados como «prestidigitación, cuadros disolventes, bailes, etc»[18].

El éxito del balneario y de sus diversas ofertas de ocio motivó que al concluir la temporada Marín emprendiera una serie de reformas para mejorar las instalaciones. Así, el 25 de septiembre de 1891 Marín dirigió un escrito al Ayuntamiento de Águilas en el que informaba de la necesidad de dotar al establecimiento de unas instalaciones temporales que faciliten la estancia y uso de las mismas por parte del público. La memoria que acompañaba a la solicitud se expresaba en los siguientes términos[19]:

La última campaña de verano en nuestro establecimiento de baños nos ha hecho ver la necesidad de nuevas instalaciones siquiera sean estas de carácter temporal.
Lo que nos proponemos hacer no afecta más que al fondo del Balneario y es obra de una construcción tal que hará fácil y

---

[16] *La Paz de Murcia*, 31 de mayo de 1891.
[17] *Ibíd.*
[18] *Ibíd.* 25 de julio de 1891.
[19] A. M. Ag. Secretaría General, Permisos de Balnearios.

rápida su instalación y desarme una vez terminada la época de baños.

En el plano que se acompaña hemos señalado en tinta negra la ocupación total del Balneario concedido por R. O. de 14 de mayo último con carácter permanente, sin poner más detalles que las líneas de demarcación del mismo.

Las líneas marcadas con tinta roja es la parte de terreno que se solicita para las construcciones con carácter temporal.

La obra que tratamos de realizar la constituyen dos barracones, uno en cada frente del balneario con 76 metros de largo por 4 de fondo destinado a baños generales, y otro barracón en el centro del mismo establecimiento para baños de familia dividido en 8 casetas teniendo cada una de estas 3 metros de frente por 6 de fondo sin contar el pequeño tinglado que se haga para dar sombra a la entrada y que tendrá unos 3 metros a lo sumo.

Toda la instalación será de madera en tableros y sujetos con tornillos para su mejor arme y desarme.

Estos barracones se fijarán sobre entarimados de madera que estarán clavados sobre estacas a medio metro sobre el nivel del suelo.

La altura máxima de la obra por delante será de 3 metros y terminará en 2/2 al unirse al Balneario.

Además, junto a los barracones de los extremos se trata de establecer una entrada en cada uno de ellos compuesta de un tablero o puente con una pequeña escalinata que de acceso al referido establecimiento de baños.

Estas obras de carácter temporal deberán estar instaladas el día primero de julio y se desarmarán el día 15 de septiembre.

Una vez expuesta la naturaleza de las mejoras, Marín solicitó a la Alcaldía «el permiso necesario para establecer dichos barracones con el carácter temporal y sujetándose a las condiciones determinadas en el artículo 41 de la Ley de 7 de mayo de 1880»[20]; es decir, que el permiso cesaría «siempre que lo exija la mejor vigilancia y servicios de las playas, la policía urbana o rural, o la concesión del terreno para otras empresas de mayor utilidad»[21].

---

[20] *Ibíd.*
[21] *Gaceta de Madrid, Ley de Puertos*, 8 de mayo de 1880.

La solicitud tras ser estudiada por la Alcaldía se derivó el 9 de octubre de 1891 a la Ayudantía de Marina quien debía emitir el informe definitivo sobre la validez de las obras. La respuesta afirmativa llegó el 14 de octubre del mismo año.

Las obras de reforma se llevaron a cabo durante los primeros días del mes de junio[22] de modo que para el inicio de la temporada el balneario pudo ofertar las nuevas instalaciones a las que se unieron mejoras en las ya existentes, siendo la más importante la ampliación del salón de descanso que fue «agrandado hasta una extensión de treinta metros de largo por diez de ancho en el centro y cinco en los extremos, en los cuales se halla en el de la derecha una mesa de billar y mesas de tresillo y dominó, y en el de la izquierda un buen piano que tocan los aficionados, estando destinada toda esta ala del salón para bailes y tertulias»[23].

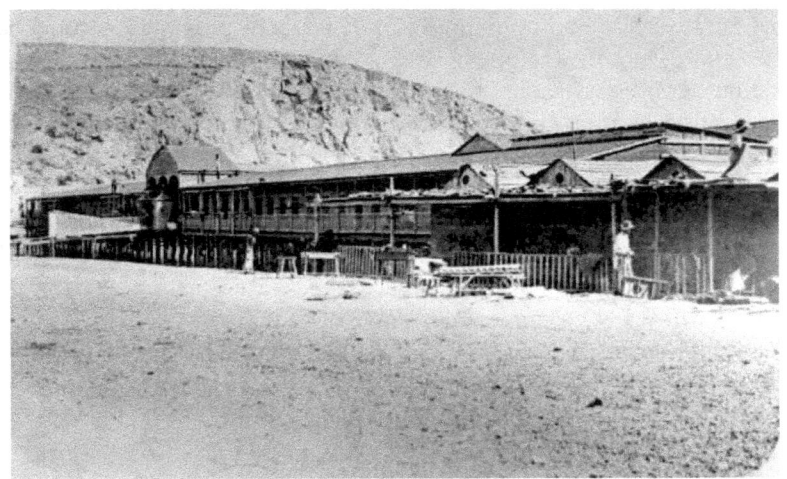

Vista del Balneario España

Desde el comienzo de esta actividad, Marín demostró un talento especial para innovar en cada temporada veraniega los servicios que ofrecía su establecimiento. Existe constancia de la edición de un periódico «órgano del establecimiento balneario El Niágara»[24] que informaba de las mejoras introducidas en dicha temporada. Una interesante novedad fue que a partir de 1899 el

---

[22] *La Paz de Murcia*, 25 de junio de 1892.
[23] *Ibíd.* 21 de julio de 1892.
[24] *Diario de Murcia*, 22 de junio de 1897.

balneario cambió su nombre por España, medida acorde con el sentimiento antiamericano surgido tras la guerra contra Estados Unidos.

La consolidación del establecimiento de Marín como centro de ocio atrajo a un número considerable de turistas[25] entre los que se encontraban personalidades del mundo de la política[26]. El negocio de Marín tuvo un impacto pionero en la cultura del turismo estival en la costa murciana tal y como se registraba en las crónicas periodísticas: «La afluencia de bañistas a estas hermosas playas, es cada día mayor. Los trenes de Lorca y Baza no cesan de llegar atestados de viajeros, los cuales encuentran toda clase de comodidades, tanto en las casas, que a bajos precios se les ofrece, cuanto en las que reúne el magnífico balneario España, propiedad del Sr. Marín»[27].

Los usuarios del balneario podían asistir, desde la primera temporada, a «bailes, veladas, conciertos y reuniones de costumbres»[28], así como a una serie de espectáculos que entroncaban con las manifestaciones de ocio audiovisual previo al cinematográfico, a saber, disolvencias, prestidigitación[29], etc. Todo ello motivó elogios en la prensa como el siguiente: «Es de moderna construcción, situado en lo mejor de la playa, con casetas altas y bajas, amuebladas con exquisito gusto espaciosos salones para solaz y recreo de los bañistas, baños templados con magníficas pilas de mármol y, en una palabra, con todas las condiciones que el más exigente bañista pueda apetecer»[30].

Entre los asistentes al balneario se encontró Oscar Vaillard, quien en 1901 efectuó una instantánea de dicho edificio. Puede afirmarse que en este momento se inició el contacto entre estos dos personajes vinculados a la tecnología visual.

La entrada en el siglo XX supuso una serie de mejoras de carácter moderno en cada una de las temporadas. En 1902 ofertó un servicio hidroterápico «dirigido por un reputado médico y dotado de

---

[25] El periódico *Heraldo de Murcia*, 12 de septiembre de 1895 ofrecía la cifra de diez mil personas las que habían visitado las playas de Águilas.

[26] *Ibíd.* Señala la visita del exministro López Puigcerver y del Gobernador de la Provincia.

[27] *Las Provincias de Levante*, Murcia, 10 de agosto de 1900.

[28] *La Paz de Murcia*, 23 de junio de 1894.

[29] *El Liberal*, Murcia, 15 de agosto de 1902 recoge la actuación de un prestidigitador llamado Mr. Alfredo.

[30] *Diario de Murcia*, 12 de junio de 1894.

todos los servicios que exige un sanatorio moderno»[31], recurriendo a una campaña de publicidad de cierta notoriedad en la prensa murciana.

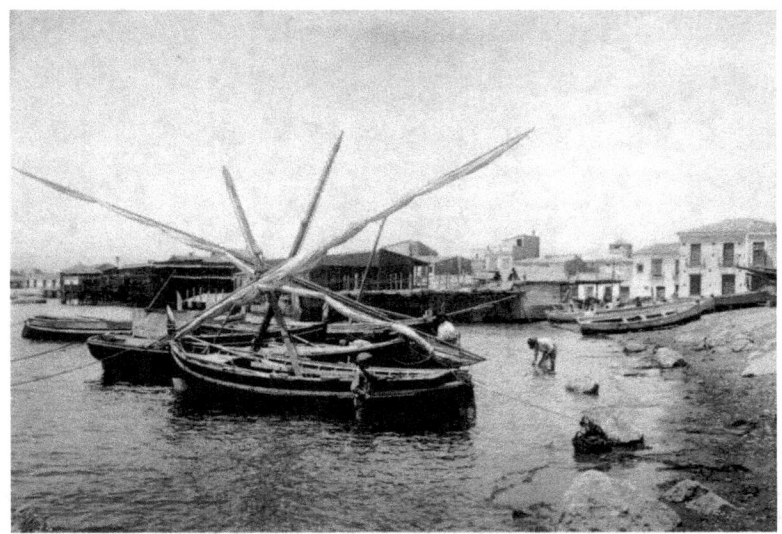

Fotografía de Vaillard en donde se aprecia el Balneario El Niágara

Al mismo tiempo la oferta de ocio nocturno en el balneario continuó atrayendo al público local y foráneo ofertando puntualmente actuaciones como el «gran concierto de guitarra por D. Rafael del Valle»[32]. Este tipo de actividades nocturnas fue, a tenor de la información registrada en las crónicas enviadas desde Águilas a la prensa editada en Murcia, un éxito constante. Por ello, Marín decidió ampliar su establecimiento dotándolo de un salón de variedades, medida que se publicitó al final de la temporada estival de 1902[33].

Tal y como estaba previsto la temporada de 1903 se inició el 16 de julio[34] con la incorporación de un salón destinado a representaciones teatrales y con la presencia de proyecciones de cinematógrafo desde el primer momento tal y como señalaba la prensa murciana: «Con entradas bastante regulares viene funcionando todas las noches en el Balneario el cinematógrafo que en

[31] *El Liberal*, Murcia, 26 de agosto de 1902.
[32] *Ibíd.*, 15 de agosto de 1902.
[33] *Ibíd.*, 3 de octubre de 1902.
[34] *Ibíd.*, 14 de julio de 1903.

dicho establecimiento tiene nuestro amigo José María Marín y cuyas películas son interesantes y de mucha novedad»[35].

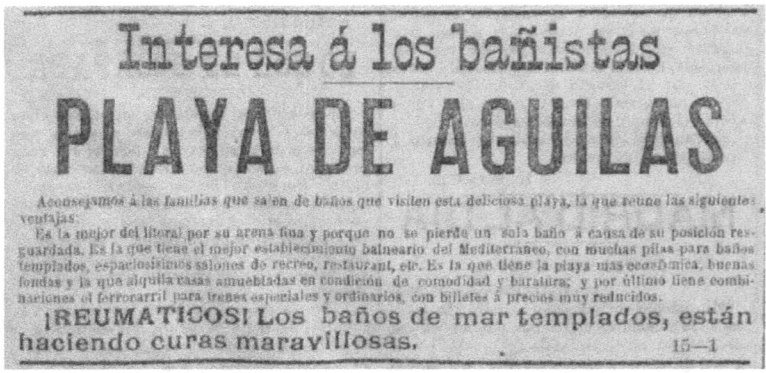

Publicidad en Las Provincias de Levante, julio de 1900

Debido a la aceptación del nuevo espectáculo que explotaba en el balneario, y a la concurrencia de numerosas compañías de variedades, Marín dedicó buena parte de sus beneficios a construir un teatro apto para ser usado durante todo el año y en el que poder efectuar una dinámica de exhibición igual al de los existentes en las capitales de los alrededores, esto es: combinar variedades, teatro y cinematógrafo.

La incorporación del Teatro España.

A finales de 1904 comenzaron las obras del teatro que se construyó anexo al balneario España y que estaba destinado a albergar funciones de teatro y variedades en invierno y verano[36].

Las obras se concluyeron en el mes de junio, para de esta manera poder ser puesto en funcionamiento en la temporada en curso. Su inauguración estaba prevista para el 22 de julio. No obstante, este evento sufrió un inesperado retraso, pues la Junta Provincial de Espectáculos Públicos solicitó «informes al alcalde de Águilas sobre la construcción de un teatro de madera en dicha villa que, según parece, no se han llenado ninguna formalidad legal y ya funciona o está en vísperas de funcionar»[37]. Se trataba en realidad de

---

[35] *Ibíd.*, 25 de julio de 1903.
[36] *Ibíd.*, 8 de febrero de 1905.
[37] *Ibíd.*, 22 de julio de 1905.

una laguna burocrática puesto que Marín contaba con la autorización pertinente, una Real Orden de 10 de junio de 1904 en la que se informaba de los informes positivos de la Comandancia de Marina y la Jefatura de Obras Públicas de la provincia de Murcia. Dicha orden, además, pormenorizaba los plazos de ejecución de la obra y los aspectos técnicos que debían seguirse para asegurar la integridad de los asistentes al salón de espectáculos:

> Reducirse a dos metros la luz de los tramos, por medio de tornapuntas, a fin de obtener una completa seguridad aun en los casos de mayor aglomeración en la sala de espectáculos, y debiendo todos los años, treinta días antes de la apertura del establecimiento, dar conocimiento el concesionario a la Jefatura de Obras Públicas de la provincia para que por la misma se proceda a practicar un reconocimiento, de cuyo resultado dependerá la autorización para que queden abiertos los baños al servicio público[38].

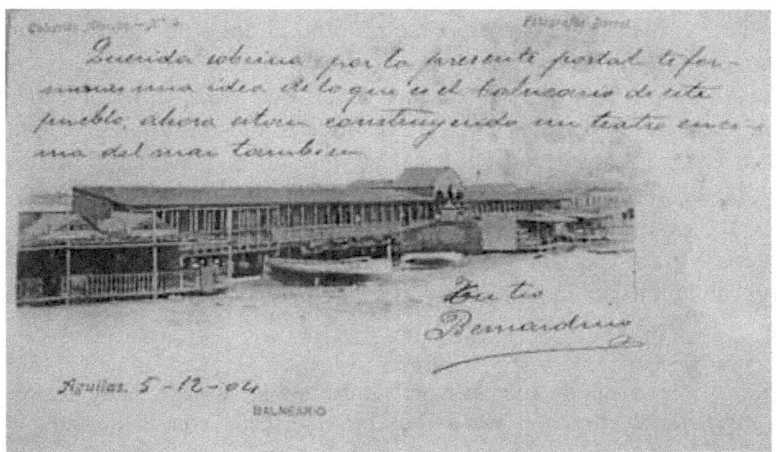

Tarjeta postal con referencias a la construcción del teatro

Solventando el asunto administrativo, el local estuvo dispuesto para utilizarse. La disposición de los espacios interiores de este Teatro era la siguiente[39]:

---

[38] *Gaceta de Madrid*, 19 de junio de 1904.
[39] *El Liberal*, Murcia, 24 de julio de 1907.

El Teatro España es una magnífica construcción de hierro y madera sobre el mar, de excesiva solidez, de capacidad calculada y de comodidad y de belleza bastante para que sorprenda a los que le visitan y reflexionen sobre la idea original que predominó en su edificación. Sobre seguros pilotes de hierro y acero, es una trabazón tan bien combinada de madera, que a la vez que la hace un solo cuerpo resistible a los embates del mar. Ofrece la circunstancia de su original belleza, donde se han acumulado todas las necesarias dependencias que el Teatro exige con un decorado y atrezzo dignos de teatros de orden superior. Bajo su aspecto industrial, es edificio que ofrece seguras esperanzas a las empresas que lo explotan, pues su capacidad y condiciones garantizan en absoluto el resultado el resultado económico de las campañas que en él se realizan, y por su nombre e importancia es constantemente solicitado, y con verdadera fruición en los meses de julio y agosto que constituyen la verdadera campaña oficial de explotación.

Si bien la inauguración se produjo el día 4 de agosto[40], con la actuación de «la compañía de zarzuela de los Sres. Orozco y Videgain, en la que figuran las notables tiples Antonia Arrieta, Dolores Pla y Valdemoro»[41]; la función del 10 de agosto tuvo carácter de inicio oficial del local ya que «ni una localidad del patio ni platea, ni un asiento de grada, estaba desocupado»[42]. A partir de este momento sobre el escenario del teatro España se pusieron en escena gran cantidad de sainetes, comedias y zarzuelas[43], programación de la que José María Buck[44], oficial de aduanas y

---

[40] *Ibíd.*, 5 de agosto de 1905, señala: «Anoche tuvo lugar la inauguración de la temporada teatral, y a la vez del Teatro España construido por el Sr. Marín».

[41] *Ibíd.*, 3 de agosto de 1905.

[42] *Ibíd.*, 11 de agosto de 1905.

[43] La programación del Teatro España la ofrece de manera pormenorizada CERDÁN CASADO op. cit. Págs. 277-279.

[44] José María Buck Miralles de Imperial nació en Elche el 7 de abril de 1842 fue oficial de Aduanas en Águilas (1876 – 1884), oficial del Ayuntamiento de Elche (1887) y concejal del mismo (1888) por el Partido Liberal. Fue pionero de la industria ilicitana del calzado y Presidente del Círculo Católico de Obreros de Alicante (1897). Mantuvo su vinculación con Águilas hasta el final de sus días, acudiendo a esta ciudad los veranos y frecuentando las sesiones de teatro, poesía y musicales del balneario de

miembro destacado de los círculos culturales de la ciudad, enviaba detalladas crónicas a la prensa.

En años sucesivos continuaron las funciones de teatro, variedades y cinematógrafo en ocasiones con un carácter benéfico[45]. A final de la temporada de 1906, Marín vendió una cuarta parte de su negocio al periodista y secretario del ayuntamiento Vicente Lanuza Martí por la suma de 3.000 pesetas[46].

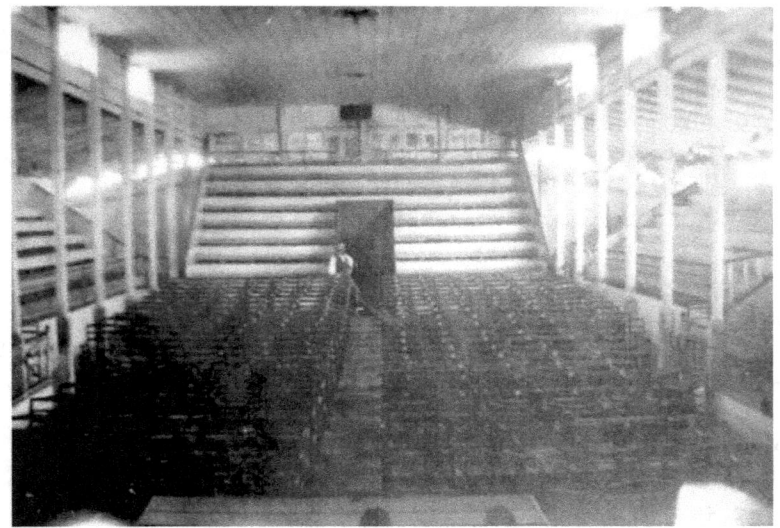

Interior del Teatro España desde el escenario

A principios de 1907 Marín se trasladó a Alicante para emprender su nueva faceta de empresario cinematográfico dejando la gestión del Teatro y el Balneario a su socio. En 1912 el Teatro España fue reconvertido en salón de exhibición cinematográfica y

---

Marín. Buck falleció en Águilas el 14 de agosto de 1912 mientras participaba en un recital de poesía.

[45] *El Liberal*, Murcia, 22 de julio de 1907.

[46] DIAZ MARTÍNEZ, L: "La minería en Águilas" *op. cit*. El autor señala a Juan López Cano y a Juan Rebollo como otros compradores del Teatro España. Por otra parte, Vicente Lanuza Martí –nacido en Villajoyosa en 1852- desde su llegada a Águilas en 1897 en calidad de secretario del Juzgado. Quizás debido a su filiación masónica se había mostrado muy interesado en promover todo tipo de cuestiones intelectuales. Desarrolló una intensa labor periodística al tiempo que dirigió numerosas obras de teatro.

recibió el nombre de Cine Aguileño. La gestión de este negocio corrió a cargo de Natalio Oliveros Ferrer quien adquirió una parte del negocio, presumiblemente a Lanuza, y alquiló el resto al propietario del establecimiento, esto es, a José María Marín. Adecuó las instalaciones efectuando una serie de reformas descritas por José María Buck en una de sus crónicas: «emprendió [...] la reforma del edificio mejorando sus condiciones en las localidades, pintándole y variando el alumbrado, en una palabra, casi transformándolo del todo, hasta los salones de espera»[47]. Las primeras sesiones de cinematógrafo contaron con un modelo de proyector que permitía una gran nitidez de imagen con una calidad «que se puede comparar a la de un cuadro en el que pueden estudiarse todos los detalles»[48].

Pero el Teatro España y el Balneario tuvieron un inesperado final el 26 de marzo de 1913, fecha en la que el conjunto arquitectónico se incendió debido «a un chispazo eléctrico de un motor que estaban probando»[49]. El suceso fue comunicado por el Gobernador de Murcia al Ministro de Gobernación[50]. De manera inmediata, desde Murcia se telegrafió a las agencias de noticias y al día siguiente numerosos diarios publicaban la noticia en sus páginas[51]. Incluso una serie de fotos del suceso, que fue captado por un fotógrafo en el momento de producirse, mereció ser objeto de un fotoreportaje en *Blanco y Negro*, suplemento del *ABC*[52].

Aunque destruido por el fuego hasta sus cimientos, Marín con el talante emprendedor que lo había caracterizado en todos sus negocios, efectuó la pertinente reclamación del importe por el que estaba asegurado el establecimiento a la Compañía Anónima de Seguros El Día. La indemnización se produjo en un corto período de tiempo ya que el 15 de junio de 1913 Marín envió desde Alicante una carta al director de la agencia de seguros radicada en Madrid, agradeciendo el cumplimiento del contrato e invitando al director a

---

[47] *El Liberal*, Murcia, 30 de abril de 1912.

[48] *Ibíd.*, 9 de mayo de 1912.

[49] *La Correspondencia Militar*, Madrid, 27 de marzo de 1913.

[50] *La Correspondencia de España*, Madrid, 27 de marzo de 1913.

[51] Se ha podido localizar la noticia en los siguientes periódicos: *La Correspondencia Militar*, Madrid, 27 de marzo de 1913; *Diario de Alicante*, 27 de marzo de 1913; *La Prensa*, Santa Cruz de Tenerife, 27 de marzo de 1913; *El Pueblo Manchego*, 27 de marzo de 1913; *Heraldo Alavés*, Vitoria, 27 de marzo de 1913; *El Noroeste*, La Coruña, 28 de marzo de 1913 y *El Restaurador*, Tortosa, 28 de marzo de 1913.

[52] *ABC*, Madrid, 29 de marzo de 1913.

publicar en la prensa el contenido de la misiva si así lo consideraba oportuno; hecho que se produjo en julio del mismo año en la primera plana del diario cartagenero *La Voz del Pueblo*[53]:

> Muy señor mío: al percibir la cantidad de veintidós mil novecientas cuarenta y ocho pesetas que de mutuo común acuerdo hemos fijado como justa tasación de los daños que experimenté por el importante incendio que destruyó en Águilas el Balneario que en su digna compañía tenía asegurado, cumplo un deber de conciencia haciendo expresa manifestación por las facilidades y gran altura de miras con que ha procedido "El Día" en todos los indispensables trabajos realizados para fijar la más justa tasación de los daños percibidos.

Una vez recibida la indemnización, Marín inició los trámites oportunos para reconstruir el balneario, efectuando la correspondiente solicitud al Ministerio de Fomento. Un año después recibió la autorización del Ministerio de Fomento para reconstruir el balneario ajustándose «al proyecto presentado [...] con fecha de 26 de septiembre de 1890, pero sujetándose, en cuanto a naturaleza y dimensiones de los pilotes y detalles de construcción al proyecto suscrito [...] con fecha 15 de octubre de 1903. [...] Sujetarse en todo lo demás, como si se tratase de la primera construcción de la obra»[54].

No obstante, Marín, quien estaba instalado en Alicante desde 1907 y desarrollando una intensa actividad relacionada con la cinematografía, inició el expediente para transferir su propiedad y con ella el derecho a reconstruir el edificio. La solicitud pasó de manera positiva el trámite de la Jefatura de Obras Públicas de la provincia de Murcia[55] y fue ratificada en la sesión del 12 de diciembre del Consejo Provincial de Fomento[56]. A partir de este momento todos los derechos sobre el espacio del balneario pasaron a Antonio Chapapría y Ramón Román, quienes en 1915 construyeron el nuevo establecimiento con el nombre Balneario Reina Victoria Eugenia, un edificio que, al seguir las indicaciones del Ministerio de Fomento, guardaba cierto parecido con su antecesor. El 30 de junio de 1915 comenzaba la historia del nuevo balneario.

---

[53] *La Voz del Pueblo*, Cartagena, 17 de julio de 1913.
[54] *Gaceta de Madrid*, 3 de marzo 1914.
[55] *El Liberal*, Murcia, 24 de marzo de 1914.
[56] *El Tiempo*, Murcia, 14 de diciembre de 1914.

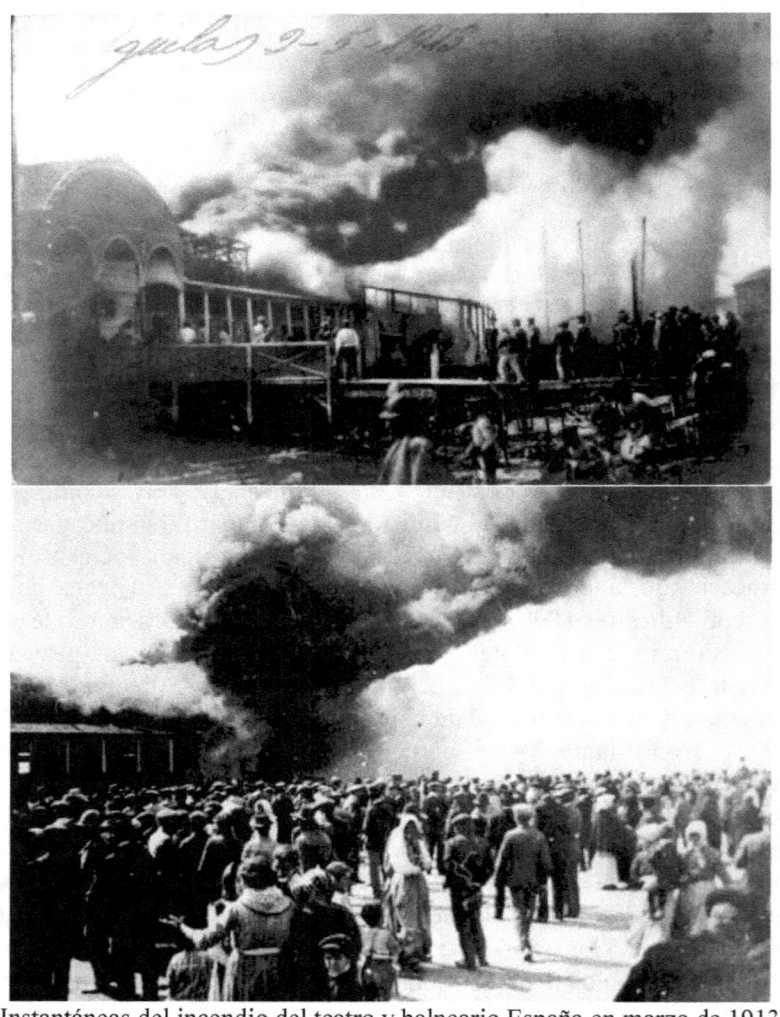

Instantáneas del incendio del teatro y balneario España en marzo de 1913

LA EMPRESA CINEMATOGRÁFICA MARÍN.

Distribución de material técnico y películas.

El cinematógrafo, en el período 1896 a 1910, se implantó como una alternativa a las formas tradicionales del ocio ciudadano. Esta diversión, que en un principio requería una infraestructura rudimentaria en la que las más de las veces dependía de los medios aportados por los exhibidores ambulantes y sus barracas o carpas de lona, se fue complicando cada vez más hasta devenir en una serie de empresas dedicadas de tal manera al espectáculo que levantaron sus propios edificios destinados a la actividad cinematográfica. Todo este proceso generó una serie de actividades relacionadas de distinta manera con el complejo entramado de la exhibición cinematográfica.

En la ciudad de Alicante, el paso de la exhibición ambulante al establecimiento de una serie de recintos en donde se ofertaban proyecciones de manera regular, motivó la aparición de una serie de comercios en los que se podía encontrar diverso material cinematográfico. Aunque la información que han legado las fuentes es escasa, existen datos muy puntuales acerca de este tipo de comercio. En definitiva los comerciantes que se dedicaban a este tipo de negocios pueden encuadrarse en dos tipos genéricos. Por un lado aquellos que lo hacían como complemento a la venta de otros géneros, como es el caso del comercio "El Crédito", instalado en la calle Rafael Terol, y que era una mezcla de bazar y casa de empeños en el cual junto a alhajas, muebles, bicicletas y máquinas de coser, se ofertó desde octubre de 1907 «2000 metros de películas cinematográficas»[1]. Cantidad que a principios de 1908 había disminuido a 200 metros. Por otro lado destacaron aquellos dedicados única y exclusivamente a suministrar este tipo de equipamientos y que tenían que competir con otros que, establecidos en otras ciudades de la nación, también se anunciaban en la prensa local, como ocurrió con el distribuidor barcelonés Martín del Olmo,

---

[1] *Heraldo de Alicante*, Alicante, 9 de enero de 1908.

proveedor del Cinematógrafo Napoleón[2] de Barcelona y posteriormente dueño del Coliseo Imperial de Girona[3], quien a lo largo del verano de 1908 anunció en la prensa alicantina «películas de 800 metros desde 16 pesetas en adelante»[4].

La procedencia de las películas que constituían el grueso de la programación de los diversos cines de Alicante fue experimentando un lento proceso en el que se partió del autoabastecimiento de los primeros empresarios y culminó con la entrada en los circuitos de distribución de las grandes empresas.

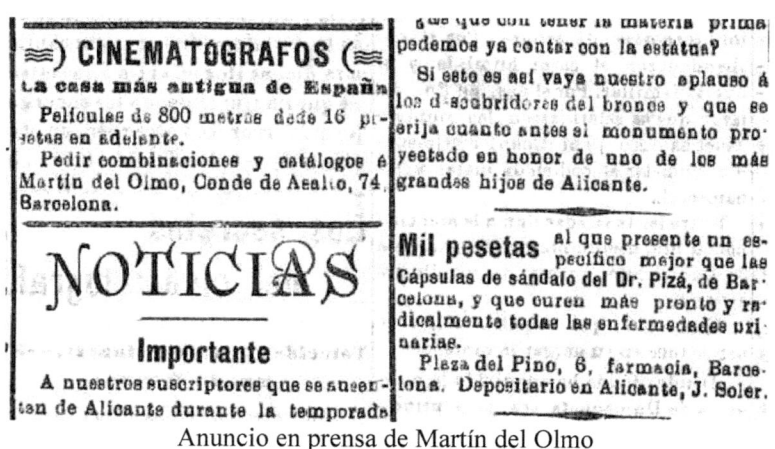

Anuncio en prensa de Martín del Olmo

Las primeras exhibiciones efectuadas, dado el carácter itinerante de las empresas, bien teatrales bien cinematográficas, que las realizaban, contaban con un repertorio de títulos que los propios empresarios conseguían al tiempo que el proyector, de ahí que las cintas fuesen normalmente las mismas en las localidades que constituían su periplo.

Con la aparición de los primeros salones de espectáculos múltiples, en los que el cine tenía una parte cada vez más importante, la renovación de títulos tenía que ser más habitual. De ahí que los propietarios de estos locales se aprovisionaran generalmente en Madrid y Barcelona[5]; política que en Alicante que fue la llevada a

---

[2] *La Vanguardia*, Barcelona, 21 de marzo de 1907.
[3] *La Lucha*, Gerona, 22 de diciembre de 1910.
[4] *La Correspondencia de Alicante*, 17 de julio de 1908.
[5] Hecho que refleja la prensa con referencias como las siguientes: «En breve podremos admirar en el cinematógrafo instalado en el "Salón Novedades"

cabo por cines de la categoría del Salón Novedades o el Salón Moderno que habían recurrido a «casas alquiladoras» como la ya citada del barcelonés Martín del Olmo. Por su parte la empresa del Cine Sport suscribió un contrato con la distribuidora madrileña Internacional Cinematográfica, en virtud del cual recibía películas Pathé, Cines e Itala Films para organizar su programación[6]. Dicha empresa, creada en 1907 en Madrid, su publicitó en diversos medios escritos de la época ofreciendo sus servicios, a saber:

> Esta sociedad tiene por objeto adquirir todas las novedades de cintas cinematográficas de París, Berlín y Nueva York, para venderlas o alquilarlas luego a cinematógrafos de Madrid y provincias. Pero no se limitará a esto su iniciativa. Ha establecido también un servicio especial para llevar los aparatos cinematográficos a domicilio. Por una cantidad no muy elevada lleva a las casas sus máquinas, telones blancos, películas y demás accesorios, para dar cuantas sesiones se deseen[7].

El primer contacto de José María Marín con la distribución de material cinematográfico lo tuvo en 1902, fecha en la que aún se encontraba en Águilas. En octubre de ese año efectuó un viaje a Barcelona, presumiblemente para abastecerse de películas ya que en la temporada veraniega de 1903 ofertó sesiones de cinematógrafo en el Balneario, tal y como se verá en el siguiente apartado.

Si bien de estos primeros contactos no queda –al día de hoy– constancia documental, a partir de 1907, Marín comenzó a ofertar material cinematográfico insertando anuncios en la prensa murciana: «Se alquila un cinematógrafo nuevo y moderno con operador y programas variados de películas a precios módicos»[8]. Al mismo tiempo informaba que tenía un depósito de películas en Cartagena,

---

algunas cintas obtenidas recientemente en Madrid [...] El sr. Mora [...] tiene ya hecho el pedido de varias de las expresadas cintas» (*El Graduador*, Alicante, 3 de junio de 1906) «De cinematógrafo vemos en este cine (el Novedades) las películas mejores que se estrenan en Madrid y Barcelona» (*Diario de Alicante*, 6 de mayo de 1909).

[6] *La Correspondencia de Alicante*, Alicante, 28 de mayo de 1910.

[7] *La Época*, Madrid, 11 de octubre de 1907.

[8] *El Liberal*, Murcia, 6 de julio de 1907.

Águilas (con sede en el Balneario) y Alicante (con domicilio en la calle Colón número 8 y posteriormente en la calle Castaños número 22)[9]. En este momento se identificaba como «representante en esta región»[10] para «alquiler y venta de cinematógrafos y películas»[11] de Marcial Ballús de Sabadell, llegándose a publicar también que «José María Marín [...] tiene el encargo de instalar un cinematógrafo, verdadero Pathé, para exhibir todos los estrenos que diariamente se reciben en Alicante de la referida casa»[12].

Ballús, dentista de profesión, era aficionado a la fotografía y había conseguido algunos premios en certámenes nacionales. Alguna de sus fotografías había sido publicada incluso en la revista *La ilustración artística* a finales del siglo XIX y fue responsable de la elaboración de las fotografías para el álbum guía de comercios de Sabadell de principios del siglo XX. Desde 1905 alternó su profesión con el alquiler y venta de productos cinematográficos según todos los indicios de procedencia Pathé.

MARCIAL BALLÚS.—Petxina, 4, 1.º 1.ª—Barcelona
Alquiler y venta de Cinematógrafos y películas. Instalaciones y arrendamiento de teatros. Para informes: José M.ª Marín, Colón, 8, Alicante.

Anuncio de Marín en calidad de representante de Marcial Ballús

Los servicios de la empresa Marín se amplió a la oferta de «funciones al aire libre con aparatos de los más perfeccionados y 15 películas cada noche»[13] para las fiestas de verano de numerosos pueblos de la provincia, lo que obviamente se tradujo en la presencia de uno o más operadores de cámara destinados a desplazarse a las

[9] *Ibíd.*, 31 de marzo de 1907.
[10] *Diario de Alicante*, 8 de noviembre de 1907.
[11] *El Liberal*, Murcia, 26 de marzo de 1907.
[12] *Diario de Alicante*, 18 de enero de 1908.
[13] *Ibíd*, 14 de agosto y 1 de septiembre de 1909.

localidades donde eran contratados para montar el proyector y exhibir las cintas[14].

Cinematógrafos

Se alquila un cinematógrafo nuevo y moderno con operador y programas variados de películas. Se alqui las películas á precios módicos. Razón: José M.ª Ma ría, Balneario.—AGUILAS.

Publicidad insertada en el diario en Murcia *El Liberal*

Esta actividad de venta y alquiler de proyectores fue complementada, a partir de 1912, con la venta de «aparatos extintores Minimax y cajas cortafuegos Somar»[15], en las provincias de Alicante y Murcia. Un negocio seguro dado el carácter inflamable de las películas y la necesidad de adecuar los salones a la normativa vigente en esta materia.

No obstante, la vertiente de distribución de películas fue el punto fuerte de la Empresa Marín. Desde su llegada a Alicante, Marín procedió a suministrar películas a los locales de exhibición estable como el Cine Sport[16], el Salón Novedades, el Teatro Nuevo; así como funciones ocasionales en el Teatro Principal[17]. En un primer momento las películas que distribuyó Marín eran títulos de la casa Pathè[18], dado que esta firma francesa se reveló como la

---

[14] Desgraciadamente las fuentes de información hemerográficas son muy escuetas al respecto. Además el estado material de los archivos consultados no registra ninguna actividad relacionada con el cinematógrafo más allá de los propios salones de exhibición.

[15] *Diario de Alicante*, 23 de diciembre de 1912. Días más tarde Marín inserta un anuncio en *El Periódico para todos*, Alicante, 27 de diciembre de 1912.

[16] *El Correo*, Alicante, 4 de septiembre de 1913: «Todos los días preciosos programas cinematográficos de la renombrada casa alquiladora José María Marín».

[17] Estas funciones de cinematógrafo en el Teatro Principal se desarrollaron en otoño de 1909.

[18] *Heraldo de Alicante*, 13 de mayo de 1909.

distribuidora más competitiva del momento gracias a un sistema de distribución basado en el alquiler de las cintas[19].

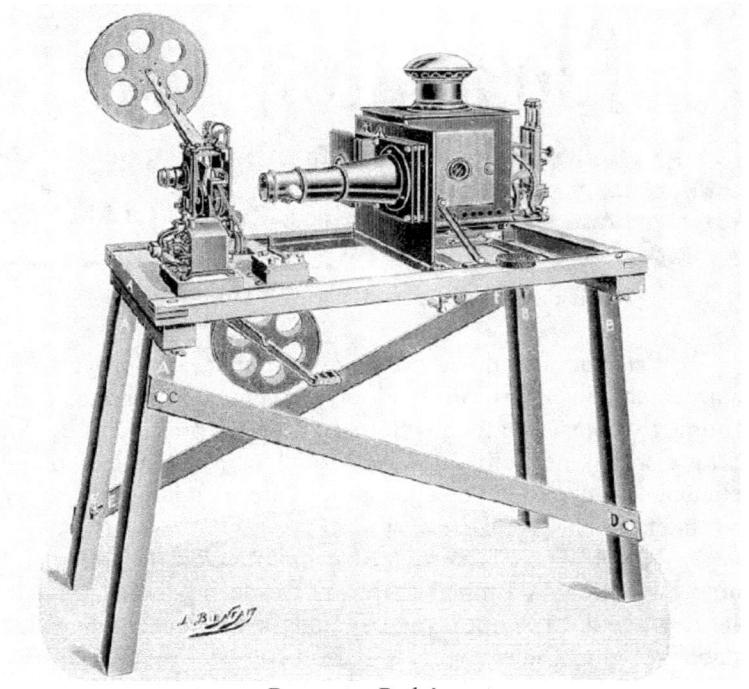

Proyector Pathé

En esta coyuntura destacaron las sesiones de cinematógrafo en el Teatro Principal en septiembre de 1909, en las cuales Marín actuó como distribuidor y exhibidor confeccionando una serie de programas que constaban de seis o siete películas, siendo el plato fuerte aquellas que tenían como tema principal «el grandioso espectáculo de la guerra hispano–marroquí»[20]. Se trataba de las

---

[19] COSTA, A: "Méliès y el cine francés de los orígenes (1896-1908)" [Historia General del Cine. Volumen I, Cátedra, Madrid, 1998; pág. 130] manifiesta: «La peculiaridad del "golpe de estado" de Pathé fue la de asegurarse un control más o menos directo de la distribución y la exhibición, concediendo la exclusiva de sus películas a cinco sociedades fundadas con tal fin y con intereses también en el sector de la exhibición. Se trata en suma, de un primer intento de lo que los economistas denominan "La integración vertical"».
[20] Así de eufórica rezaba la publicidad aparecida en *La Correspondencia de*

filmaciones realizadas por el zaragozano Ignacio Coyne en Melilla y distribuida por la empresa italiana Cines. La primera de las sesiones estaba programada para el 6 de septiembre de 1909, pero debido a impedimentos técnicos no se pudo estrenar hasta el día siguiente. Se proyectaron catorce cuadros presentando diversos aspectos de la lucha desarrollada en tierras norteafricanas[21], a saber: *Vista del puerto y de la ciudad, Las tropas españolas en la puerta de la ciudad, Baluarte de primera línea, Abastecimiento de las tropas situadas en la primera caseta en el blocao de Velarde a Sidi–Musa, en la segunda y en el campo del Atalayón, Soldados españoles defendiendo la línea del ferrocarril, La colocación de una línea telegráfica, Como los españoles vigilan a los rifeños, Los conflictos en el campo, El Gato, celebre jefe de los confidentes, expone al comandante del servicio de confidencias, el plan de acción que ha preparado para el siguiente día, El general Marina preparando un ataque, Bombardeo y fuego graneado de las posiciones rifeñas, El leal confidente Mauresanis, indica a los artilleros españoles donde deben dirigir la puntería de nuestros cañones Schneider, Pueblo rifeño después de un bombardeo y Oficiales heridos en convalecencia.* Títulos que se aseguraba «están tomados en momentos de fragoroso y bélico combate»[22]. La actualidad del tema motivó que el Teatro Principal registrara una afluencia masiva de público: «sobre dos mil personas, amén de varias butacas y palcos que se vendieron»[23].

Posteriormente se unieron otros títulos de distinta procedencia europea (Itala Films[24], Nordisk[25], Eico[26], Gaumont[27]), y películas estadounidenses; siendo estas últimas las que acabaron

---

Alicante, 4 de septiembre de 1909; añadiendo, en relación al tema que presentaban las filmaciones, que «en ellas se ven a los más salientes personajes de nuestro valeroso ejército y se aprecian con todos sus detalles los combates del memorable día 27 de junio y sucesivos».

[21] *Heraldo de Alicante*, 6 de septiembre de 1909.
[22] *El Pueblo*, Alicante, 7 de septiembre de 1909.
[23] *El Graduador*, Alicante, 10 de septiembre de 1909.
[24] *Heraldo de Alicante*, 13 de mayo de 1909.
[25] *El Popular*, Alicante, 17 de julio de 1913.
[26] *Ibíd.* 9 de enero de 1914.
[27] *El Luchador*, Alicante, 25 de abril de 1921.

imponiéndose en la dinámica de exhibición a partir de la segunda década del siglo XX.

La actividad distribuidora de Marín no se circunscribió únicamente a la ciudad de Alicante donde suministró películas a los principales salones cinematográficos, además de proporcionar películas para algunas sesiones de cine público organizada por el Ayuntamiento. Su presencia se ha podido datar en alguno de los cines de la provincia, en concreto, la empresa del Salón Arte Moderno de Elda firmó un contrato con Marín en 1909 en virtud del cual su empresa suministró películas para las sesiones de este local cinematográfico.

La presencia de Marín en la distribución cinematográfica se ha podido rastrear en otras ciudades de España.

A partir de 1910 la empresa de Marín se anuncia en la revista *Eco Artístico*[28], revista de referencia para el mundo del espectáculo teatral y cinematográfico toda vez que recogía reseñas de las actuaciones más importantes que se iban produciendo en los teatros y salones de variedades españoles al tiempo que ofrecía información acerca de representantes teatrales y contacto con los principales artistas del momento. En enero de 1910 Marín contaba con tres representantes: Juan Soler en Madrid, Virginio Cortes en Valencia y Antonio Torregrosa en Córdoba. Esta actividad tuvo como resultado el abastecimiento de programas cinematográficos en el Kursaal de la Ciudad Lineal[29], el Salón Madrid, el Teatro Romea[30] y el Teatro Benavente[31] todos ellos en Madrid, el Cine La Paz de Castellón[32], el Salón Novedades de Tenerife[33], el Salón Actualidades de Cartagena[34] y el Salón Liceo de Albacete[35].

Junto a la distribución de películas destinadas a programas de los salones cinematográficos ya señalados, Marín también suministró equipos de cine domésticos, posiblemente algún modelo Pathé Baby, ofertados por los representantes ya mencionados y a los que se unieron José Espín (Barcelona), Blas Cortés (Valencia),

---

[28] *Eco Artístico*, Madrid, 25 de enero de 1910.

[29] *Ibíd.* 15 de julio de 1910.

[30] *Ibíd.* 25 de septiembre de 1910.

[31] *La Correspondencia de España*, Madrid, 25 de agosto de 1911.

[32] *Eco Artístico*, Madrid, 25 de mayo de 1911

[33] *La Prensa*, Santa Cruz de Tenerife, 2 de diciembre de 1912.

[34] *Eco Artístico*, Madrid, 15 de julio de 1913.

[35] *Ibíd.* 15 de noviembre de 1914.

Plácido Gómez propietario del Cine Ideal de Málaga, Gregorio Sanz (San Sebastián), José Herrador (Vigo), y en Santander Alfredo Narbón, antiguo empresario de autómatas y propietario de un cinematógrafo[36].

José M.ª Marín

CASTAÑOS, 22, ALICANTE

Alquiler de CINEMATÓGRAFOS y PELÍCULAS

=La primera Casa de España=

DEPÓSITOS

MADRID
> JUAN SOLER: Plaza de Olavide, 2

VALENCIA
> VIRGINIO CORTÉS: Sangre, 15

CÓRDOBA
> ANTONIO TORREGROSA: Montemayor, 1

Publicidad de la empresa de Marín insertada en *Eco Artístico*

---

[36] *ABC*, Madrid, 14 de diciembre de 1915.

Publicidad de la empresa Marín

El monopolio ejercido por la casa Marín en la ciudad de Alicante desde 1907 se fracturó en 1915 cuando se instaló en la ciudad José Regidor Xamena en calidad de representante de la casa Gaumont[37]. Regidor comenzó a suministrar películas no solo a los cines de la ciudad sino a los de la provincia y concluyó derivando la distribución desde la central que la empresa tenía en Valencia.

La exhibición cinematográfica.

José María Marín inició su faceta de exhibidor cinematográfico en 1903 aprovechando las instalaciones del Balneario del que era propietario y al que reformó dotándolo de un recinto teatral, tal y como se ha expuesto en el capítulo anterior. Junto a todas las manifestaciones ocasionales de cinematógrafo que tuvieron en Águilas, destacó la llevada a cabo por Marín quien tuvo el acierto de introducir mecanismos institucionales de exhibición tales como realizar sesiones a lo largo de todo el año, ofertar días de moda, y, siguiendo la dinámica tradicional de otras poblaciones, combinar teatro, variedades y cine para conseguir unos programas de espectáculos que nada tenían que envidiar a las grandes capitales.

En primer lugar, hay que mencionar que en todo momento Marín prestó una especial atención a las innovaciones técnicas que iban surgiendo en el tránsito del siglo XIX al XX y en la medida de lo posible trataba de incorporarlas a su balneario, quizás ello motivado a que al estar vinculado al negocio minero estaba al corriente del avance técnico en sus más diversas manifestaciones

---

[37] *Diario de Alicante*, 15 de mayo de 1915.

entre las cuales no faltaban las referencias a la captación y reproducción del movimiento[38].

El espíritu emprendedor demostrado por Marín con ocasión de la apertura del Balneario y la continua incorporación de espectáculos de carácter innovador y que pueden ser considerador como precedentes cinematográficos, no se detuvo en este punto, sino que dio un paso más para incorporar el aun incipiente cinematógrafo dentro de la oferta de ocio de su establecimiento. Para dar comienzo a esta nueva faceta de sus negocios, Marín efectuó en octubre de 1902 un viaje a Barcelona[39] ciudad desde la cual se capitaliza la primitiva distribución cinematográfica. Todo parece indicar, que fue por medio de Marcial Ballús como ya se ha visto, donde adquirió un proyector y una colección de películas. La relación con Ballús la mantuvo al menos durante los primeros años de exhibición cinematográfica en Águilas, ya que la prensa reseña en 1905 que la empresa del Teatro España «ha comprado en Barcelona un cinematógrafo»[40].

En cuanto al inicio de las sesiones de cinematógrafo en el Balneario, como ya se ha señalado, comenzaron en julio de 1903[41], despertando desde el principio elogios entre la crítica local. A partir de la construcción del Teatro España, Marín albergó el cinematógrafo en este espacio implementando la programación tradicional para la fecha, esto es: alternancia de números de variedades y proyección de películas. Aunque las noticias que existen acerca de las sesiones son escasas, no obstante se puede apreciar que en los dos primeros años la exhibición se hacía coincidir con la temporada estival que se desarrollaba en los meses de julio y agosto. En cualquier caso Marín ofertaba en poco tiempo una alternancia de títulos de marcado dinamismo, así, de las sesiones efectuadas durante la temporada estival de 1903 se conoce que «las películas de dicho cinematógrafo

---

[38] Precisamente en la *Gaceta Minera y Comercial*, publicada en Cartagena, se publicaban artículos referidos a este tipo de investigaciones. Así, a modo de ejemplo el 18 de marzo de 1890 se publicó un estudio acerca del *Linguografo* de Edison, y el 25 de junio de 1895 se publicó un extenso artículo sobre el *Kinetoscopio*. No resulta descabellado suponer que Marín tuviera conocimiento de este tipo de informaciones que se publicaban en esta revista del sector minero.

[39] *El Liberal*, Murcia, 3 de octubre de 1902.

[40] *Ibíd.* 3 de octubre de 1905.

[41] *Ibíd.* 7 de julio de 1903.

se varían con mucha frecuencia y son muy originales y de mucha novedad»[42].

En 1905 se abandonó el carácter estacional de la exhibición ya que Marín ofreció sesiones de cine a partir del mes de octubre, intentando así rentabilizar su negocio en época invernal. Estas sesiones tenían lugar los jueves, sábados y domingos en las que se proyectan «una gran colección de películas de las más modernas»[43]. Al menos durante ese año se tiene noticia de que en pleno mes de diciembre aún seguía en activo el cinematógrafo[44].

Dentro de la dinámica de exhibición, Marín contrató a un explicador quien «pone en boca de las figuras las ideas y pensamientos que más considera propios para el asunto»[45], y organizó sesiones benéficas como la celebrada en julio de 1907 a beneficio del Santo Hospital[46], todo ello dentro de una hábil política de acercamiento del negocio cinematográfico a todas las clases sociales.

La conclusión de la temporada estival de 1907 marcó el definitivo traslado de la actividad de Marín a la ciudad de Alicante, donde pudo desarrollar al máximo todo lo que en un corto periodo de tiempo había experimentado en Águilas: las posibilidades del negocio cinematográfico.

El 13 de diciembre de 1902 abrió sus puertas en la ciudad de Alicante el Salón Novedades. Este recinto, propiedad de Rafael Mora ubicado en la céntrica Rambla de Méndez Núñez, se convirtió en el primer local de la ciudad en incorporar un programa de cinematógrafo más o menos regular. La llegada de José María Marín a Alicante y el acuerdo que alcanzó con Mora en 1909, permitió que en su pantalla se proyectaran los títulos más relevantes del momento. Pronto surgieron otros locales que compitieron en la programación, si bien, como se ha visto, muchos de ellos dependían de las existencias de la empresa de Marín.

En 1912, el propio Marín incursiona en el negocio de la exhibición con la construcción del Salón Moderno un local destinado a

---

[42] *Ibíd.* 8 de agosto de 1903. Información que prácticamente se repite a finales de mes (28 agosto): «Siguen variando continuamente las películas que son muy notables».
[43] *Ibíd.* 3 de octubre de 1905.
[44] *Ibíd.* 9 de diciembre de 1905.
[45] *Ibíd.* 24 de agosto de 1907.
[46] *Ibíd.* 22 de julio de 1907.

proyecciones cinematográficas y números de variedades situado en «la prolongación de Castaños, esquina a Alfonso el Sabio»[47]. En esta faceta de exhibidor, Marín contrató a Modesto Aquilina como representante de la empresa con la función de actuar de enlace con la prensa. Modesto Aquilina Ibarrola era hijo de Evaristo Aquilina, importante comerciante de alimentos de la ciudad[48] y sobrino del periodista Modesto Ibarrola. Estudió en el Colegio La Educación donde destacó por sus calificaciones[49]. A finales del siglo XIX impartió clases de contabilidad en el Círculo Católico de Obreros[50], sociedad de la que llegó a ser Secretario[51]. También trabajó temporalmente como auxiliar contable del Ayuntamiento durante la elaboración del censo de habitantes de 1897[52]. Al mismo tiempo destacó por su afición a las representaciones teatrales participando en algunas representaciones de la Sociedad Cervantes vinculada al Círculo Católico[53], donde llegó a alcanzar el puesto de director[54]. Iniciado el nuevo siglo participó en la creación del Montepio Mercantil, entidad de la que fue secretario[55] y más tarde vocal[56]. En 1900 contrajo matrimonio con María Concepción Tejero García[57] con quien tuvo dos hijas y dos hijos, estos últimos fallecieron a corta edad[58]. En 1913 comenzó a trabajar para la empresa Marín[59].

El edificio se construyó reconvirtiendo un antiguo almacén de maderas de la Empresa Esquembre[60]. Debido a la falta de planos e informes de construcción de este local no se puede conocer con total exactitud su aspecto, no obstante de la disposición interior de este local dan fe los artículos aparecidos en la prensa con motivo de la inauguración del mismo, expresándose como siguen: «los salones del

---

[47] *Eco de Levante*, Alicante, 10 de septiembre de 1912.
[48] *Las Circunstancias*, Alicante, 3 de diciembre de 1881.
[49] *El Graduador*, Alicante, 22 de diciembre de 1878.
[50] *El Nuevo Alicantino*, Alicante, 10 de noviembre de 1895.
[51] *Ibíd.* 29 de diciembre de 1895.
[52] *La Correspondencia Alicantina*, Alicante, 15 de mayo de 1897.
[53] *El Nuevo Alicantino*, Alicante, 12 de noviembre de 1895 y 3 de octubre de 1897.
[54] *La Correspondencia Alicantina*, Alicante, 20 de marzo de 1899.
[55] *La Unión Democrática*, Alicante, 28 de marzo de 1900.
[56] *El Graduador*, Alicante, 22 de enero de 1902.
[57] *La Correspondencia de Alicante*, 2 de agosto de 1900.
[58] *Ibíd.* da información de estos natalicios en su sección de sociedad.
[59] *La Unión Democrática*, Alicante, 23 de enero de 1913.
[60] *El Espectador*, Alicante, 25 de septiembre de 1912.

Salón Moderno son espaciosos, están arreglados con gusto y en ellos se disfruta de un confort y comodidad inemitable»[61]. Al mismo tiempo se menciona, aunque se trata de un juicio de valor de un cronista y no de una evaluación oficial, que «el Salón Moderno es el que en la actualidad reúne más condiciones de seguridad y distracción»[62]. De hecho el Gobierno Civil otorgó el permiso oportuno para desarrollar funciones cinematográficas[63]. Meses después se hizo patente que el Salón Moderno había sido construido dentro de los parámetros legalmente exigidos ya que en diciembre de 1912 el Gobierno Civil envió una orden a los cines de la ciudad por la que «quedan suspendidas las sesiones cinematográficas y por lo tanto esta noche y sucesivas solo actuará el Salón Novedades con números de varietés y el Salón Moderno por estar dentro de la ley»[64].

A pesar de contar con el pertinente permiso el Salón Moderno sufrió el ataque de un articulista de la revista *Alicante Artístico*, que firmaba bajo el pseudónimo de *Manolito* y que dirigía su protesta al Gobernador Civil. Sus esfuerzos se centraban en demostrar que el Moderno no cumplía con lo dispuesto en el Real Decreto de 1908 desgranando las pésimas condiciones de construcción, de instalación eléctrica, de medidas contra incendios, entre otros motivos[65]:

> Paso hoy a señalar alguna de las faltas que tiene el mal llamado Salón Moderno y que le hacen estar fuera de la ley. […] El Art. 4º dice "El edificio deberá ser independiente de las edificaciones contiguas y estar completamente separado de ellas por una distancia que no bajará de cinco metros, aunque tenga fachada a más de una calle".

---

[61] *El Popular*, Alicante 16 de septiembre de 1912. El mismo periódico días más tarde (20 septiembre) incide aún más en las excelencias de este salón: «espacioso, elegante, cómodo, apropósito, claridad y fijeza en los cuadros, películas notabilísimas todas las noches con estrenos grandiosos, y como ultimátum de todo esto, la baratura asombrosa de los precios, que al alcance de todo el mundo, el que ahora no solace su vista y distraiga su imaginación, es sencillamente porque no le da la real gana».
[62] *Ibíd.*
[63] *Diario de Alicante*, 14 de septiembre de 1912.
[64] *La Unión Democrática*, Alicante, 8 de diciembre de 1912.
[65] *Alicante Artístico*, 28 de febrero de 1915.

Aquí demostramos claramente [...] que el "almacén" Salón Moderno, falta a este artículo porque proyecta las películas sobre la pared medianera de la casa contigua.

El Art. 6º habla de los servicios para la extinción de incendios, tales como bocas de riego, extintores y aparato avisador.

Este artículo tampoco se cumple, porque nada de esto se ha visto en dicho mal llamado Salón, solamente hay una manga de lanza enchufada a una irrisoria cañería que tendrá un centímetro de diámetro.

También se falta al Art. 7º que en uno de los párrafos dice: "Las localidades estarán numeradas y habrá un paso central entre ellos, de un metro y veinte centímetros" y ni las localidades están numeradas, ni el paso central llega a tener un metro.

También se dice el Art. 16º "Todos los hilos conductores del fluido, estarán revestidos y resguardados por cajetines prohibiéndose el uso de lámparas movibles".

Este artículo tampoco se cumple, pues las lámparas que alumbran el salón almacén son movibles, y los cajetines que tienen que proteger al hilo conductor de la luz, no se ven por ninguna parte.

A pesar de la "documentada y contrastada" evaluación que este periodista efectúa acerca del Salón Moderno, las autoridades competentes no realizaron ninguna inspección, ni mucho menos clausuraron el local, quizás, por tratarse de un ejercicio orquestado por la competencia.

El Salón Moderno no fue objeto de grandes reformas en su estructura arquitectónica como ocurrió con otros recintos cinematográficos de la ciudad. Las únicas actuaciones están ligadas a puntuales remodelaciones y dotación de instalaciones que mejoraran la calidad de la exhibición. Así, en junio de 1914, se instaló una «magnífica colección de diez potentes ventiladores, que con su continuo funcionamiento, refrescan el ambiente del local»[66], medida acertada ya que debido al rigor veraniego otros locales cerrados se veían obligados a suspender las funciones hasta la llegada del otoño. También se instalaron lámparas Nitro que, a decir de las crónicas, «son las que en la actualidad poseen los más importantes cinematógrafos extranjeros»[67], junto a ello –y teniendo presente que

---

[66] *El Popular*, Alicante, 22 de junio de 1914.
[67] *Ibíd.* 19 de junio de 1914.

el dato es demasiado somero– se instaló «un telón apropósito de proyecciones especiales, el cual dará las vistas más fijas y claras»[68]. En 1915 se cambiaron las sillas de preferencia por «artísticos bancos»[69], se pavimentó el suelo interior del Salón y se construyeron «nuevos retretes amplios e inodoros que están fuera del salón de espectáculos»[70]. Por otro lado, Marín ofertó el empleo de las paredes interiores para ubicar anuncios[71].

En cuanto al proyector usado por la empresa del Salón Moderno para sus funciones, se sabe que en febrero de 1913 se cambió por uno nuevo que suscitó el beneplácito de la prensa tras su presentación en un pase especial[72], en el que actuó como maestro de ceremonias, Modesto Aquilina, uno de los socios de Marín. Posteriormente, en diciembre de 1913, la empresa adquirió un nuevo proyector marca Erneman Imperator que permitía una «proyección perfecta»[73].

Por último se conoce que el Salón Moderno fue dotado con la pantalla Perlantino, anunciada como la mayor novedad en cuanto a telones para la proyección y «cuya propiedad consiste en ofrecer limpias y perfectamente destacadas las figuras, y con una claridad jamás superada en la cinematografía»[74].

En relación con la exhibición, durante los primeros meses de funcionamiento el Salón Moderno contó con un explicador, es decir, una persona que más allá de leer los rótulos e intertítulos de las películas, interpretaba los argumentos. Durante el primer año de exhibición esta función la desarrolló Jaime Santonja[75], quien ya

---

[68] *Ibíd.*

[69] *El Periódico para todos*, Alicante, 9 de septiembre de 1915.

[70] *Heraldo de Alicante*, 14 de septiembre de 1915.

[71] *Diario de Alicante*, 25 de septiembre de 1912.

[72] El cronista de *El Graduador*, Alicante, 4 de febrero de 1913, se refirió al proyector como «admirable y de resultados benéficos y seguridad para el público».

[73] *El Popular*, Alicante, 2 de diciembre de 1913.

[74] *Ibíd.* 10 julio 1914. A su vez *El Correo*, Alicante, 11 de julio de 1914, añadía a las características de esta pantalla el que «las figuras se destacan vigorosamente en el cuadro de proyección, aumentando la claridad de ésta, en un cincuenta por ciento y ofreciendo un conjunto de viveza y brillo sorprendentes».

[75] *Ibíd.* 16 de septiembre de 1912.

ejerciera esta profesión hasta el año 1906 en Aspe[76] y que era conocido por sus floridos comentarios[77]. A mitad de 1913 esta labor fue realizada por otro explicador del cual tan solo ha llegado el dato de su nombre: Paco. En cualquier caso se reveló un digno profesional ya que «diariamente y gracias a sus relevantes dotes y emocionantes palabras, cosecha aplausos que el respetable no le niega»[78].

La inauguración del Salón Moderno se efectuó el 14 de septiembre de 1912 con la asistencia de numeroso público[79], hecho que fue calificado de éxito debido a la experiencia de Marín en este tipo de eventos[80]. Su vida operativa se extiende hasta finales de 1923, fecha en la que una nueva empresa compró el local a los sucesores de Marín y lo remodeló, puesto que había sufrido tal nivel de deterioro desde 1917 que recibía calificativos como «frío, destartalado, sucio [...] insuficiente ya, a pesar de su enorme capacidad, para la multitud que lo hizo su predilecto a pesar de las incomodidades de aquellos fementidos bancos y aquellas sillas lamentables»[81]. La reforma a la que fue sometido lo convirtió en el Monumental Salón Moderno.

En cualquier caso, de manera sistemática ofreció espectáculos polivalentes, con predominio del cine a lo largo de sus cerca de once años de existencia. Como rasgo distintivo, el Moderno mantuvo sus precios desde 1912 hasta 1919 y solo los subió en su etapa final. Esto hizo que el Salón Moderno ofertara unos precios asequibles para el público, y se mantuviera dentro de la competencia con los otros locales en los que se exhibían películas y coexistentes en el tiempo: el Salón Novedades, el Cine Sport y el Teatro Nuevo.

---

[76] Cfr. BORONAT CALATAYUD, A, M: "El cine en Aspe" UPANEL (Aspe) n° 5/6 (Primavera 1985).

[77] *Eco de Levante*, Alicante, 20 de septiembre de 1912 recoge una de las actuaciones del citado explicador: «Está anunciado un soberbio programa, entre cuyas películas sobresale la emocionante y en tres partes Pedro el Cruel, de la que el explicador Santonja hace una verdadera creación».

[78] *Ibíd.* 19 de mayo de 1913.

[79] La crónica oficial de la apertura la escribe un reportero –que firma como David- para el diario *El Popular* (16 septiembre 1912) entre cuyas palabras cabe seleccionar el siguiente párrafo: «el sábado último tuvo lugar la inauguración de este nuevo salón de espectáculos, y como ya proféticamente auguraba en la noche de aquel y en la del domingo se congregaron en su interior algunos miles de espectadores».

[80] *Diario de Alicante*, 16 de septiembre de 1912.

[81] *Ibíd.* 19 de diciembre de 1924.

El Salón Moderno ofreció sesiones de cinematógrafo diariamente. En cada una de ellas se proyectaban ocho películas[82], de las cuales una era de «largo metraje»[83]. El horario, que permaneció sin variaciones durante toda su existencia, era de seis y media a doce de la noche[84]. Las películas que recibía Marín eran de las productoras más importantes del momento: «Pathé Frerés, L. Gaumont, Eclair, Thomas A. Edison, Etua Films, Moss Espires Ltd, Itala Films, Pascualini, Selig y Verdaguer»[85].

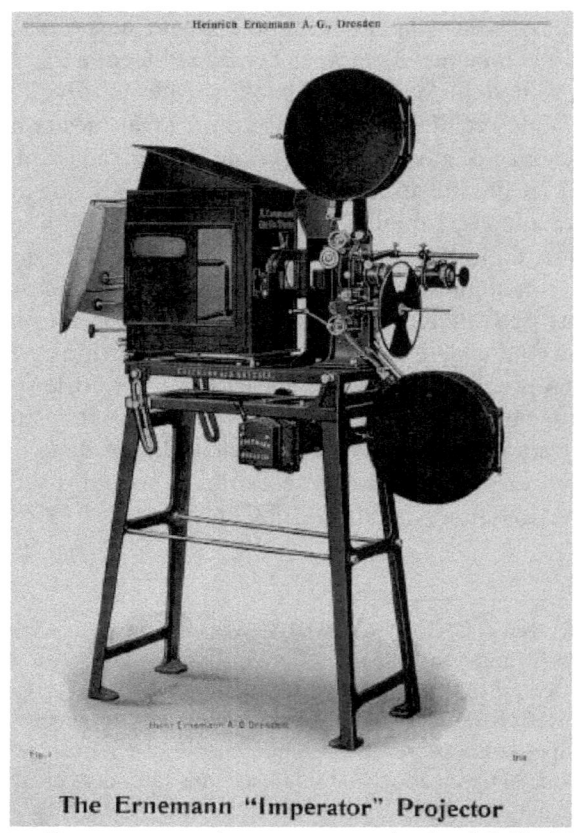

The Ernemann "Imperator" Projector

Proyector Ernemann con el que estuvo equipado el Salón Moderno

---

[82] *El Popular*, Alicante, 20 de septiembre de 1912.

[83] *Ibíd*, 2 de diciembre de 1912.

[84] *Ibíd*, 27 de marzo de 1913; *El Graduador*, Alicante, 1 de diciembre de 1913.

[85] *La Lealtad*, Alicante, 9 de septiembre de 1915.

A lo largo de las once temporadas de su existencia (1912–1923) el Salón Moderno ejerció desde sus inicios una fuerte competencia al Salón Novedades y al Cine Sport, consistente ésta – sobre todo– en el estreno de películas de reciente factura, así –a título de referencia– a finales de febrero de 1913 el Moderno estrenó con carácter de primicia nacional la película *La matanza* (Griffith, 1913), recién llegada a la ciudad antes de pasar a los circuitos de exhibición madrileños[86].

Las sesiones no diferían mucho de las que se desarrollaban en otros locales de la ciudad. En este sentido la empresa del Moderno proyectaba cuantas novedades de éxito proporcionaba la industria cinematográfica «tanto de producción europea como americana»[87]. Junto a esta producción internacional, el Salón Moderno se convirtió en el local donde Marín proyectaba el noticiario de elaboración propia –surgido a imagen de los noticieros Pathé– *Actualidades Alicantinas*, serie de documentales realizados en colaboración con Oscar Vaillard.

Tempor ada	Salón Novedades		Teatro Nuevo		Cine Sport		Salón Moderno	
	Preferen cia	Gener al	Preferen cia	Gener al	Preferen cia	Gener al	Preferen cia	Gener al
1902 – 1903	0,50	0,25						
1903 – 1904	0,50	0,25						
1904 – 1905	0,40	0,20						
1905 – 1906	0,30	0,15						
1906 – 1907	0,20	0,15						
1907 – 1908	0,20	0,10	0,10	0,05				
1908 – 1909	0,30	0,15	0,10	0,05	0,30	0,15		
1909 – 1910	0,30	0,15	0,10	0,05	0,30	0,15		
1910 –	0,30	0,15	0,10	0,05	0,30	0,15		

---

[86] *El Popular*, Alicante, 27 de febrero de 1913, publicó al respecto que «hace bastante tiempo viene solicitándola con insistencia la numerosa clientela del señor Marín, quien una vez proyectada en el Salón Moderno, la remitirá a Madrid, donde se anuncia su estreno como un verdadero acontecimiento».

[87] *Ibíd.* 17 de octubre de 1913.

1911								
1911 – 1912	0,40	0,15	0,10	0,05	0,15	0,05		
1912 – 1913	0,40	0,15	0,10	0,05	0,15	0,05	0,15	0,05
1913 – 1914	0,30	0,15	0,15	0,05	0,15	0,05	0,15	0,05
1914 – 1915	0,40	0,15	0,15	0,05	0,15	0,05	0,15	0,05
1915 – 1916			0,15	0,05	0,15	0,05	0,15	0,05
1916 – 1917			0,15	0,05			0,15	0,05
1917 – 1918			0,15	0,05			0,15	0,05
1918 – 1919			0,15	0,05			0,15	0,05
1919 – 1920			0,15	0,05			0,30	0,15
1920 – 1921			0,15	0,05			0,30	0,15
1921 – 1922			0,15	0,05			0,30	0,15
1922 – 1923			0,15	0,05			0,30	0,15

Precios de las sesiones de cine en céntimos. Elaboración propia a partir datos hemerográficos.

Dentro de la dinámica de exhibición de este Salón, y al igual que ocurriera con los de la competencia y en otras ciudades del Estado, Marín introdujo el día de moda, en este caso cada jueves de la semana. Así para atraer al público, en los días de moda, se ofreció un programa especial de películas o se entregaron regalos y detalles al público. La primera sesión de un día de moda se efectuó el 20 de noviembre de 1913, siendo modelo a imitar para las siguientes, en las cuales «las señoritas serán obsequiadas los citados días y en todas las secciones con artísticos y bonitos bouquets de preciosas y aromáticas flores, y los caballeros y niños tendrán opción a números para la rifa de paquetes de entradas para todo el mes»[88].

---

[88] *El Popular*, Alicante, 20 de noviembre de 1913. Al mismo tiempo el diario señalaba: «Aparte de estos regalos, los programas cinematográficos serán poco menos que monstruosos y compuestos de grandiosas y emocionantes películas»

122

La primera temporada fue un continuo despliegue publicitario por parte de Marín para captar al público. Así, en julio de 1913 sufragó los festejos de la plaza de Balmes, en donde se ubicaba una de las entradas al Moderno, con la participación de la Banda del Hospicio, globos aerostáticos y empleando un procedimiento bastante curioso y muy de la cultura alicantina para regalar entradas: «una vistosa traca de la que se desprenderán entradas para el cine»[89]. También recurrió a otras medidas promocionales como un concurso para elegir la mejor película proyectada durante el mes de septiembre de 1913 con un premio de «30 entradas de preferencia»[90] y el sorteo entre el público asistente de «tres carnets de 30 entradas»[91].

Junto a estas sesiones regulares, en el Salón Moderno se desarrollaron otras de carácter benéficas, sesiones por las que Marín demostraba gran sensibilidad. De manera que el miércoles 3 de septiembre de 1913 se realizó una función en beneficio de la Caja de Músicos de la Beneficencia[92]. El lunes 8 de septiembre de 1913 se efectuó una «función cinematográfica compuesta de excelentes y grandiosas películas»[93] a beneficio de los heridos y enfermos de la guerra de Marruecos, función que estuvo amenizada por la banda del Regimiento de la Princesa. Esta sesión, que contó con la presencia entre el público del gobernador militar Adolfo Villa, obtuvo como resultado una recaudación de 185 pesetas con 90 céntimos[94]. El jueves 11 de septiembre de 1913, tuvo lugar otra sesión destinada, en esta ocasión, a recaudar fondos para Cruz Roja y «fomentar el desarrollo del Dispensario que tienen establecido dicha institución para atender a los pobres»[95]. Al día siguiente Marín entregó al delegado de Cruz Roja «la cantidad de 100 pesetas, suma, que unida al donativo particular hecho por el mismo señor Marín, completa el beneficio líquido obtenido de las funciones»[96].

En 1914, la Cocina Económica de la ciudad, institución benéfica que dependía de aportaciones privadas donadas por numerosos comerciantes de la ciudad, algunos de origen francés, se

---

[89] *El periódico para todos*, Alicante, 16 de julio de 1913.
[90] *La Unión Democrática*, Alicante, 25 de septiembre de 1913.
[91] *El periódico para todos*, Alicante, 20 de noviembre de 1913.
[92] *El Popular*, Alicante, 6 de septiembre de 1913.
[93] *Ibíd.*
[94] *Ibíd.* 10 de septiembre de 1913.
[95] *Diario de Alicante*, 10 de septiembre de 1913.
[96] *La Unión Democrática*, Alicante, 13 de septiembre de 1909.

resintió por la falta de donativos. Ante la falta de ese capital la institución benéfica se encontró cerca del cierre. En esta coyuntura, Marín tomó la iniciativa de «celebrar mensualmente una función cinematográfica a beneficio de tan humanitaria institución»[97]. También, con motivo de la guerra mundial, en agosto de 1914 llegaron a Alicante en el buque *J. J. Sister*, de la Compañía Valenciana de Vapores Correos de África, cuarenta y tres españoles repatriados desde Casablanca, a los que se prestó toda la ayuda posible. La coordinación de suministros de estos desplazados por el conflicto corrió a cargo del Gobierno Civil que, entre las diversas medidas destinadas a facilitarles suministros, no olvidó el ofertarles algunas sesiones de ocio para elevar la moral, estableciéndose un turno diario en los cines y teatros de la ciudad. La colaboración de Marín en este sentido fue ofrecer «gratuitamente las películas que se exhiban en los cines durante dichos espectáculos a favor de los repatriados»[98]. Dicha función finalmente se realizó en el Teatro de Verano el 28 de agosto de 1914[99].

Por otro lado, Marín trató de favorecer el acceso a la programación cinematográfica de los sectores de población más humildes y los menos favorecidos. De manera que en 1913 Marín organizó sesiones de cine en la casa de Beneficencia de Alicante con películas de su depósito y «aparatos de su propiedad»[100]. En 1914 organizó en el Salón Moderno los sábados populares repartiendo entradas gratuitas entre «los niños de diversas escuelas y operarios de algunos talleres y fábricas»[101].

En cuanto a la dinámica normal del Salón Moderno, el estallido de la Gran Guerra, con sus efectos inmediatos en las relaciones comerciales con Francia –lugar de origen de buena parte de las películas exhibidas– tuvo como consecuencia el descenso en la cantidad de títulos proyectados. Es por ello que la dinámica del Moderno fue irregular, así, en 1916 solo se estrenó el serial compuesto de 15 episodios *La llave maestra* que ocupó buena parte del mes de febrero. El resto de la temporada el Moderno fue explotado como teatro utilizándose para desarrollar estas funciones

---

[97] *El periódico para todos*, Alicante, 31 de marzo de 1914.
[98] *Diario de Alicante*, 20 de agosto de 1914.
[99] *Ibíd.* 28 de agosto de 1914.
[100] *El periódico para todos*, Alicante, 27 de diciembre de 1913.
[101] *Ibíd.*, 18 de julio de 1914.

dramáticas el escenario y los decorados usados previamente en las representaciones veraniegas de la Plaza de Toros[102].

En temporadas sucesivas se asistió a la progresiva recuperación en el ritmo de exhibición de películas, de manera que mantuvo una oferta más o menos estable con la proyección de films como *La dama de las camelias* (producción Caesar–Film), interpretada por Francesca Bertini; *Nobleza de almas*, recomendada por la prensa conservadora para ser vista por la población obrera por ser «de gran enseñanza por estar basado su argumento en la lucha entre el capital y el trabajo»[103].

No obstante el inesperado fallecimiento de Marín en 1917 supuso un freno momentáneo a la dinámica de exhibición en el Salón Moderno. Apenas unos meses después de este hecho, el Salón Moderno continuó su programación dirigido en esta ocasión por Josefa Marín, una familiar de la que no se ha podido encontrar más referencia. En octubre de 1919 la nueva propietaria, organizó una serie de funciones destinadas a los escolares de la ciudad. Estas sesiones surgieron debido a una disposición del Ministerio de Instrucción Pública que obligaba «a invertir la tarea escolar de los jueves por la tarde en paseos instructivos, excursiones y visitas en fábricas y talleres y todo aquello que pueda redundar en un beneficio práctico para la enseñanza escolar, recomendando muy eficazmente el empleo del cinematógrafo»[104]. Intentando hacer realidad esta disposición, una serie de maestros de la ciudad contactaron con la empresa del Teatro Nuevo, la cual «ofrece gratuitamente todo lo necesario para la realización del espectáculo, menos las películas»[105]. Esta tarea recayó en la Empresa Marín, a cuya cabeza se encuentra Josefa Marín, quien encarga a Juan Bernabéu –responsable del almacén de películas y montador– una serie de programas con películas instructivas[106] de manera gratuita; aun más, la empresa se

[102] *Diario de Alicante*, 1 de febrero de 1916.
[103] *El Luchador*, Alicante, 11 de diciembre de 1917.
[104] *Diario de Alicante*, 15 de octubre de 1919.
[105] *Ibíd.*
[106] Entre ellas se incluía la producción de la propia empresa Marín; así consta que se proyectaron las cintas con la visita de los reyes a Alicante en 1912, y la inauguración del monumento a Canalejas. (*Ibíd.* 31 de octubre de 1919).

hizo cargo de los gastos[107] de la primera sesión albergada en el Teatro Nuevo.

Las sesiones de las cuales queda constancia en la documentación consultada son escasas, tan solo se sabe que se efectuaron los jueves a las 3 de la tarde. En cuanto a las fechas y locales donde se desarrollaron fueron las siguientes:

Sesiones "El cine en las escuelas"	
Teatro Nuevo	16 octubre 1919
Salón Moderno	23 octubre 1919
Salón España	30 octubre 1919
Teatro Nuevo	7 noviembre 1919

Tras estas funciones no parece que exista más actividad de la Empresa Marín. De hecho no existen más datos acerca de proyecciones en el Salón Moderno. Convertido en un lastre para Josefa Marín, ésta vendió el Salón Moderno al empresario Vicente Selva a finales de 1919.

El nuevo propietario mantuvo el funcionamiento del cine si bien en alguna ocasión se programaron funciones de teatro e incluso una velada de boxeo organizada por la Agrupación Pugilista de Alicante[108].

En cuanto a la programación de películas la temporada 1919–1920 introdujo la novedad de los seriales como parte importante de la programación cinematográfica, constituyendo un género que demandaba la fidelidad de los espectadores. Los seriales que coparon prácticamente la totalidad de la temporada fueron:

Título	Episodios
Las joyas de un imperio	12
La prueba de hierro	12
Por amor	6
Los siete pecados capitales	7
El conde de Montecristo	3
Vindicator	10
El misterio de la doble cruz	8
Perlas y diamantes	8
Los peligros de la montaña del trueno	10

---

[107] *Ibíd.* 23 de octubre de 1919.
[108] *El Luchador*, Alicante, 11 de agosto de 1923.

El resto de la programación estuvo compuesta por títulos de diversa categoría alguno de ellos reposición de otros años. Así, en marzo se proyectó *La marca de fuego* (Cecil B. De Mille, 1915), film presentado como «el melodrama más efectista de la cinematografía mundial que ha sido el entusiasmo de todos los públicos»[109]. Otros títulos por el contrario eran de reciente edición como la película *El submarino U 35*, producción inglesa de marcado carácter antigermano[110], que causó una honda sensación en un público que había podido ser testigo de los combates navales desarrollados frente a las costas alicantinas entre las marinas rivales durante la Gran Guerra[111].

A partir de 1921, el ritmo de la exhibición decayó nuevamente[112], debido en parte al deterioro experimentado por el edificio. A ello se sumó el fallecimiento de Selva en mayo de 1922[113], tras lo cual el Salón Moderno quedó desatendido durante varios meses. Tras concluir la temporada de 1922–1923, el Salón Moderno cerró sus puertas para, ya en manos de una nueva empresa, ser objeto de una intensa reforma que cambió su aspecto y lo adecuó para los nuevos tiempos que comenzaban a dominar la exhibición cinematográfica de los años veinte.

---

[109] *Diario de Alicante*, 4 de marzo de 1920.

[110] El film, según la promoción del mismo, presentaba «esa alegría salvaje, canibalesca, de los marinos alemanes al destruir la marina enemiga de la más ignominiosa manera» (*El Luchador*, Alicante, 27 de abril de 1921).

[111] Al respecto baste como ejemplo la siguiente información publicada en *El Luchador*, Alicante, 11 de diciembre de 1917: «Navegando un convoy compuesto de 8 buques noruegos, ingleses y yanques, entre el cabo de la Huerta y Villajoyosa han sido atacados súbitamente por dos submarinos teutones».

[112] Al margen de la programación de películas de ficción y noticieros destacó, durante el mes de abril de 1923, la proyección de "Películas científicas", filmaciones «impresionadas en importantes clínicas de Viena en las que se admira una serie de operaciones quirúrgicas para atender partos anormales y otras clases de operaciones en las que intervienen hábiles cirujanos» (*El Luchador*, Alicante, 3 de abril de 1923).

[113] *El Luchador*, Alicante, 31 de mayo de 1922.

Innovación tecnológica.

Una de las características de los primeros tiempos de existencia del cinematógrafo fue la investigación y el desarrollo de aparatos para filmar imágenes o bien proyectarlas. De hecho el propio dispositivo cinematográfico había surgido de numerosas investigaciones que buscaban reconstruir el movimiento empleando formatos fotográficos. Desde que Muybridge realizara su experimento de cronofotografías para estudiar el movimiento de humanos y animales, aportando la posibilidad de reconstruir el movimiento por medio de un aparato inventado por él mismo en 1879 y al que llamó Zoopraxinoscopio, la investigación de dispositivos que captaran y reprodujeran la imagen se sucedieron de manera insistente. Así, desde un punto de vista tecnológico, las aportaciones de Louis Le Prince, autor de unas rudimentarias filmaciones en 1888, y Wordsworth Donisthorpe, con una filmación efectuada en 1889 con una cámara que patentó bajo el nombre de Kinesigraph, abrieron el camino para el nacimiento del cinematógrafo, entendiendo como tal no solo a la invención de los hermanos Lumière –que introdujeron la vertiente comercial– sino la maquinaria necesaria para filmar y proyectar imágenes en movimiento. De esta manera, los últimos años del siglo XIX asistieron a las aportaciones –entre otros– de Birt Acres con el Kineopticon, Friese Greene con el Biophantascope, Edison y el Kinetoscope y Skladanovsky con el Bioscop.

En este sentido, en España, al igual que en otros países, también se realizaron algunas aportaciones a la investigación y desarrollo de la tecnología cinematográfica[114], si bien en la mayoría de los casos la invención no pasó de la fase de registro en la oficina de patentes. La base de datos de estas patentes –que se incluye a continuación– permite comprobar una evolución lógica en las propuestas técnicas. Así, entre 1897 y 1900 se propusieron modelos cinematográficos similares al Lumière y otros pioneros. Una vez sistematizado el cinematógrafo como espectáculo de masas las invenciones se centraron en dispositivos que mejoraran la proyección, evitando las oscilaciones de la película, y sobre todo

---

[114] Un estudio general de la investigación tecnológica en España lo ofrece Ortiz-Villajos, J.M.: *Tecnología y desarrollo económico en la Historia Contemporánea. Estudios de las patentes registradas en España entre 1882 y 1935*. Oficina de Patentes y Marcas, Madrid, 1999.

empezó a contemplarse este dispositivo como un vehículo importante en la publicidad de todo tipo de productos, reemplazando de manera natural a su predecesora la linterna mágica. Un tercer grupo de patentes muestran interés por elaborar nuevos sistemas de espectáculos audiovisuales en los que se sincronicen sonido e imagen.

PATENTES CINEMATOGRÁFICAS ESPAÑOLAS (1897 – 1912)[115]

Nº Patente	Solicitante	Título	Fecha de solicitud	Fecha de concesión	Fecha de caducidad
20842	Juan Rivas Huetos	Máquina de fotografía y cinematógrafo.	25/01/1897		27/04/1897
21753	Pablo Audouard	Un aparato cinematográfico con porta imágenes articulado.	20/11/1897	12/12/1897	27/03/1899
21842	Tomás Fiat Saball	Un sistema de anuncios de todas clases, avisos comerciales, artísticos, etc por medio del cinematógrafo.	06/12/1897		12/02/1898
22027	Jaime González Almiñana	Un aparato cinematográfico denominado "Ideal".	08/01/1898	19/01/1898	01/10/1900
22472	Rafael Orús Presno	Un aparato cinematográfico económico de vistas en tiras.	13/04/1898	20/04/1898	23/06/1899
22511	Rafael Orús Presno	Un aparato estereocinematográfico de vistas puestas en	14/04/1898	07/06/1898	27/06/1899

---

[115] Información elaborada a partir de las fichas de expedientes disponibles en red del Archivo Histórico de la Oficina Española de Patentes y Marcas. Website: http://historico.oepm.es/archivohistoricow3c/index.asp Se han reseñado únicamente las patentes de autoría española, no obstante existen datos de inventores franceses, italianos y americanos que, como práctica común, registraban sus procedimientos en diversos registros de patentes. Debido a la naturaleza de este trabajo esta información se ha reservado para futuras investigaciones.

		tiras.			
22690	Francisco Font Más	Un aparato estereoscopo cinematográfico	25/05/1898	04/06/1898	24/08/1899
23472	Julio de Vargas Machuca	Un cinematógrafo.	06/12/1898	27/01/1899	22/09/1900
25432	Napoleón Valero Martín	Un nuevo procedimiento de anuncios hecho por medio del cinematógrafo y el fonógrafo.	29/01/1900	Desestimada	
25682	Napoleón Valero Martín	Un procedimiento de Teatro Artificial por medio del cinematógrafo y el fonógrafo.	20/03/1900	Desestimada	
28312	Pedro Graells y Alcobé	Un procedimiento mecánico para dar audiciones de piezas musicales cantadas por medio del fonógrafo en combinación con la exhibición de las escenas correspondientes reproducidas por medio del cinematógrafo.	07/08/1901	13/09/1901	31/03/1903
28476	Rafael Marín	Un procedimiento de anuncios portátiles en toda clase de colores y figuras empleando para ello la linterna mágica, el cinematógrafo y toda clase de aparatos que tienda a aumentar los objetos.	09/09/1901	Desestimada	
29950	Claudio Baradat	Un aparato que permite tomar y reproducir vistas panorámicas cinematográficas.	05/06/1902	28/06/1902	09/09/1905
33272	Ricardo Garriga Bacás	Un aparato "Cinematorama" de proyección	22/01/1904	29/01/1904	11/12/1906

130

		fotográfica animada.			
33845	Santiago Biosca Valls	Un nuevo procedimiento industrial para la obtención de películas cinematográficas y sincronismo gramofónico.	12/04/1904	05/05/1904	04/05/1907
34710	Luis Graner Arrufí	Un procedimiento para la producción de proyecciones cinematográficas acompañadas de sonidos correspondientes a la realidad de las escenas representadas a las proyecciones.	15/09/1904	05/10/1904	01/01/1906
34966	Claudio Baradat Alfonso de Chopitea	Un cinematógrafo continuo.	27/10/1904	22/11/1904	01/01/1907
35592	José Silver Misell	Un procedimiento mecánico para la exposición de películas cinematográficas.	18/02/1905	09/03/1905	01/01/1908
35789	José Maluquer Salvador	Un panorama cinematográfico denominado "Cinetorama".	31/03/1905	11/04/1905	04/05/1907
37258	Domingo Batlló	Un sistema de órganos mecánicos de tracción para películas de cinematógrafo.	28/11/1905	11/12/1905	11/11/1912
37715	Carlos Mendizábal Brunet José Mendizábal Brunet	Un aparato denominado "Cinestereóscopo" destinado a la formación de imágenes de las fotografías estereoscópicas contenidas en una película cinematográfica de tal manera, que su observación	10/02/1906	28/02/1906	08/01/1908

individual y binocular, produzca simultáneamente las sensaciones de movimiento y relieve.

39776	Carmelo Pardos Fernández Adolfo Stabel Hausen	Una carroza lumínico/cinematográfica anunciadora.	29/12/1906	05/02/1907	21/06/1907
40848	Alberto Lleó Pablo Audouard	Un aparato micro/auto/cinematográfico	22/05/1907	04/06/1907	17/03/1911
41163	Carlos Sanz Clavo Gumersindo Gutiérrez Aranz	El medio de anunciar en vapores, trenes, automóviles, tranvías, globos, coche de plaza y en general para todo carruaje que se emplee para conducir personas de un punto a otro, cualquiera que sea el medio de locomoción, con el fonógrafo, gramófono, cinematógrafo instructivo, etc.	11/07/1907	No concedida	12/05/1908
41203	Ricardo Martínez Unciti José Segura Sánchez	Un nuevo procedimiento de exhibiciones cinematográficas que producen en el espectador la ilusión completa de que navega sobre o por debajo de la superficie del agua, o en el aire, bien en un barco o bien en la barquilla de un aeróstato, cuyo procedimiento se denomina "Cinefluo".	16/07/1907	03/01/1908	16/07/1912
41444	Jaime Plana Ollé	Un aparato cinematográfico para anular por completo	14/08/1907	Sin curso	30/12/1907

		las oscilaciones en las proyecciones animadas.			
41529	Ricardo Martínez Unciti José Segura Sánchez	Una disposición de plataforma movible para los espectadores en las exhibiciones cinematográficas.	09/09/1907	26/09/1907	06/04/1911
42355	Magín Vilardell Bosch	Plataforma giratoria para los espectadores en los cinematógrafos y otros espectáculos públicos.	24/12/1907	11/01/1908	28/03/1910
42635	Pablo Audouard Alberto Lleó Claudio Baradat Guillé	Un aparato de cinematógrafo y de fotografía.	01/02/1908	15/02/1908	01/01/1911
42752	Pedro Estasen	Un procedimiento para la perforación de películas sensibles para cinematógrafos.	15/02/1908	29/02/1908	31/03/1910
42747	Pedro Estasen	El producto industrial películas cinematográficas verificadoras.	15/02/1908	06/03/1908	31/03/1910
42746	Pedro Estasen	El producto industrial películas cinematográficas anunciadoras.	15/02/1908	06/03/1908	31/03/1910
42755	Pedro Estasen	Un procedimiento de obtención de vistas o fotografías para proyecciones cinematográficas.	17/02/1908	06/03/1908	31/03/1910
42754	Pedro Estasen	Un procedimiento de fabricación de películas sensibles para cinematógrafos.	17/02/1908	06/03/1908	31/03/1910
42958	Arturo Montel	Un nuevo cinematógrafo.	20/03/1908	02/04/1908	30/08/1911
43057	Arturo Montel	Un procedimiento cinematográfico.	13/04/1908	21/04/1908	23/11/1911
43269	Marro Tarré	Una operación para el perforado de películas de cinematógrafo.	06/05/1908	20/05/1908	01/08/1912

43838	Gustavo de Bofill	Un sistema de museo cinematográfico.	03/08/1908	18/08/1908	30/04/1911
44637	Carlos Sanz Clavo	Un sistema de anuncios por medio del fonógrafo, gramófono, cinematógrafo instructivos anunciadores en tranvías, trenes, vapores, automóviles, globos o aparatos dirigibles, coches del servicio público y en general para todo vehículo que se emplee para transportar personas de un punto a otro, bien sea por la tierra o por el agua o por aire.	31/12/1908	12/05/1909	01/01/1911
45145	Pablo Audouard Alberto Lleó Claudio Baradat Guillé	Un aparato de cinematógrafo y de fotografía.	13/03/1909	24/04/1909	01/01/1911
45402	Manuel Tárrega Sánchez–Gijón	Un aparato denominado "Cinematoelectro proyector", para aplicar el principio científico de los estereoscopos a la proyección y vista en relieve de las vistas fijas y cinematográficas.	29/04/1909	21/05/1909	22/03/1912
45499	Pedro Toronell	Un procedimiento para simular viajes en ferrocarril y en tranvía en los pabellones donde se efectúan exhibiciones cinematográficas.	04/05/1909	01/06/1909	28/03/1912
45927	José Salvador Ropero	Una película cinematográfica con hendiduras, agujeros,	08/07/1909	07/08/1909	

		acomodaciones o aplicaciones de diferentes materias, dispuestas para contactos eléctricos o mecánicos en cualquier punto de la misma y de diferentes dimensiones.			
45980	Pedro Rodrígue z Lloret	Un procedimiento "Rodríguez" para proyecciones cinematográficas sin oscuridad en el local el espectáculo.	13/07/1909	29/10/190 9	28/08/19 12
46412	Vicente Llorins Asensio	Un procedimiento de proyecciones cinematográficas y fijas.	26/09/1909	17/11/190 9	01/01/19 11
46675	Antonio Segura Sánchez	Una combinación de un ferrocarril de recreo con el cinematógrafo para vistas panorámicas llamado "Ideal Expres".	10/11/1909	Sin curso	28/12/19 09
46873	Valentín Fius	Un aparato destinado a servir de coche, tranvía o vagón de ferrocarril aparentemente en marcha y desde cuyo interior se observan proyecciones cinematográficas que completan la ilusión de un viaje realizado en uno de dichos vehículos, denominado "Cinematour Express".	04/12/1909	20/01/191 0	01/01/19 16
47016	Ricardo Thos Buxalleu	Un medio para producir el relieve en las proyecciones cinematográficas.	14/12/1909	27/01/191 0	01/01/19 13
47239	Manuel Hernán Cortés	El producto industrial "Película con retratos cinematográficos"	21/01/1910	12/02/191 0	01/01/19 13

135

	García Juan Picón Martín				
47902	Pantaleón Bruguera	Una disposición para impedir el incendio de toda clase de aparatos de proyección de películas cinematográficas en funcionamiento.	21/04/1910	25/05/191 0	01/01/19 12
48860	José Centeno González	Un procedimiento industrial que significa la exhibición de anuncios de propaganda por proyecciones cinematográficas.	10/09/1910	08/10/191 0	10/10/19 12
49039	José Salvador Ropero	Un aparato ó máquina denominado "Cinéfono Ropero" para establecer el sincronismo entre las máquinas cinematográficas o de proyecciones y las máquinas parlantes.	11/10/1910	01/11/191 0	01/01/19 13
49342	José Domingo Badiellas José Escubós Falguera Ramón Ullés Jover	Película con imágenes cinematográficas propios para producir proyecciones anunciadoras animadas.	21/11/1910	12/12/191 0	27/08/19 12
50972	José María Marín	Un sistema de anuncios impresionados en películas cinematográficas para exhibirlas al público.	20/07/1911	28/07/191 1	01/01/19 13
51450	José María Bosch	Una disposición perfeccionada para obtener la mutación rápida de las imágenes con las películas cinematográficas.	05/10/1911	21/10/191 1	01/01/19 13

51451	Antonio Barrau Carbonell	Un procedimiento para mejorar las proyecciones fotográficas y cinematográficas.	06/10/1911	Sin curso	30/08/1912
52805	Adelardo Fernández Arias	Cuplés ilustrados con proyecciones fijas y cinematográficas.	17/04/1912	Sin curso	24/09/1912
52978	Alfredo Batuecas Marugán	Sistema anunciador en automóvil o carruaje en combinación con el cinematógrafo.	06/05/1912	Sin curso	26/08/1912
53138	José María Marín	Exhibir en la vía pública anuncios públicos y animados en películas cinematográficas.	27/05/1912	04/07/1912	31/10/1912
53338	José Pruna Roure	Una garita contra incendios para cinematógrafos.	21/06/1912	10/07/1912	01/01/1914
53548	Casimiro Ramos García	Una caja protectora de películas cinematográficas para evitar el incendio de las mismas dentro de la cámara operatoria denominada "Lomar".	23/07/1912	03/08/1912	01/01/1914
53783	Alfredo Batuecas Marugán	Sistema anunciador en automóvil o carruaje en combinación con el cinematógrafo.	28/08/1912	14/09/1912	01/01/1914

La zona de Alicante y Valencia fue una de las más prolíficas en cuanto a patentes industriales[116]. Incluso en el tema de tecnología cinematográfica se encuentra un caso en 1898 cuando el empresario Julio de Vargas Machuca, residente en San Vicente del Raspeig, registró el 6 de diciembre de 1898 un proyector cinematográfico[117], cuyo interés residía en «suprimir las oscilaciones que hasta la fecha se observan en estos aparatos»[118]. Aunque le fue concedida la patente del invento en enero de 1899[119], finalmente caducó el 22 de

---

[116] *Ibíd.* p. 295.
[117] *Industria e Invenciones*, Barcelona, nº 10, 11 de marzo de 1899, p. 98
[118] *El Liberal*, Alicante, 11 de diciembre de 1898.
[119] *Industria e Invenciones*, Barcelona, nº 16, 22 de abril de 1899, p. 158.

septiembre de 1900 por falta de pago[120] y pasó a engrosar la lista de invenciones abandonadas.

De igual manera, desde los inicios de la cinematografía existió un interés creciente por utilizar el nuevo medio tecnológico para realizar publicidad. Así, el mismo pionero William Friese-Greene presentó en 1897 una patente para construir curioso dispositivo portátil destinado a efectuar proyecciones publicitarias, a saber:

> En mi invención [...] empleo un marco o soporte para llevarlo sobre los hombros de una persona, de la misma manera que se emplea para llevar un anuncio publicitario sobre la cabeza. A este marco o soporte adjunto una pantalla translúcida y al igual que la pantalla, delante de o detrás de la misma, adjunto un kinetoscopio en el cual se inserta una película que lleva en sus cuadros el objeto del reclamo publicitario[121].

Propuesta que fue imitada a partir de este momento por numerosos investigadores en diversos países[122]. En este campo del desarrollo tecnológico audiovisual, Marín probó fortuna presentando dos invenciones relacionadas con las posibilidades de la publicidad cinematográfica. La primera de ellas fue presentada por Juan Soler, representante de Marín en Madrid, el 20 de julio de 1911 en el Negociado de Patentes de Invención de la Dirección General de Comercio del Ministerio de Fomento[123]. El objeto de la patente registraba «el producto industrial de impresionar y exhibir en películas cinematográficas toda clase de anuncios». La memoria describía la invención de la siguiente manera:

---

[120] *Ibíd.* n° 20, 18 de mayo de 1901, p. 159.

[121] William Friese-Greene: "Apparatus for producing and exhibiting animated or changing pictures on advertising and like appliances carried on the person". Patente n° 29363 presentada el 11 de diciembre de 1897 y aprobada el 10 de diciembre de 1898.

[122] Baste por ejemplo citar un par de patentes disponibles en la United States Patent Office registradas a nombre de William C. Farncom: "Kinetoscope for Advertising and exhibition purpose", n° 547775 de 15 de octubre de 1895 y William D. Carter: "Kinetoscope for advertising", n° 813860 de 27 de febrero de 1906.

[123] Archivo Histórico de la Oficina Española de Patentes y Marcas. Expediente n° 50972.

Las películas cinematográficas, objeto de esta patente de invención, se caracterizan por continuar fotografiando cuanto pueda utilizarse con destino a toda clase de anuncios, bien en simples rótulos, o con vistas de establecimientos mineros, agrícolas, industriales, mercantiles, profesionales, pudiendo también contener las operaciones que en ellos se ejecutan, de los productos que se obtienen, leyendas o descripciones de las mismas, retratos, figuras documentos autógrafos, edificios, paisajes, todo ello animado o fijo y cuanto puede convenir al anunciante para utilizar en este procedimiento [...] Estas películas de anuncios irán al principio o al final de las que se destinan para los espectáculos de Cines, Teatros y locales apropiados para funciones cinematográficas; o bien se construirán en unas películas completas, destinadas todas ellas a propagar los anuncios, impresionándose todos ellos con letras en más o menos extensión según los casos y en otros se fotografiarán también cuanto se desee en forma fija o animada como mucho de propaganda mas en armonía con el anuncio del anunciante.

Con este tipo de invención, precedente de los spots publicitarios, Marín que ya había incursionado en el mundo de la publicidad durante los años de explotación del balneario y con las primeras sesiones de cine, seguía con esta idea la impronta de los hermanos Lumière y de Edison, pioneros del cine comercial. En efecto en el catálogo Lumière, una de las vistas realizada en Suiza se convirtió en el primer anuncio de una marca comercial: el jabón Sunlight. Los Lumière y el empresario suizo Francois-Henri Lavanchy-Clarke firmaron un acuerdo de distribución de sus películas en Suiza y producción cinematográfica local para ser exhibida como parte del catálogo que distribuían. Al mismo tiempo Lavanchy-Clarke era representante de la compañía británica Lever Brothers, fabricantes del jabón Sunlight. Como parte de las filmaciones realizadas en Suiza por el operador Alexandre Promio, una de ellas mostraba a dos mujeres lavando ropa junto a unos barreños en los que aparecía el rótulo del jabón Sunlight. De esta manera quedaba plasmado el primer comercial cinematográfico[124]. Un caso más directo fue la realización de Edison en 1897 de la

---

[124] Un análisis exhaustivo de esta filmación se puede encontrar en Cosandrey, R. - J.M. Pastor. "Lanvanchy-Clark: Sunlight and Lumiere, or the Debut of the Cinematograph in Switzerland." *Equinoxe.* 7 (March 31, 1992) p.9-27.

publicidad de los cigarrillos Admiral, un comercial de apenas 30 segundos en los que se desarrolla una actuación –una serie de actores que representan los diferentes tipos del estadounidense–, la irrupción del producto por medio de un rudimentario efecto especial y la comunicación directa con el espectador al incluirse no solo la marca con su tipografía sino también el lema publicitario «We all smoke».

Probablemente Marín estuviera familiarizado con este tipo de imágenes cuando ideó su personal versión del anuncio publicitario cinematográfico. Lo cierto es que no existe constancia de que se llevara a la práctica ya que la patente caducó en enero de 1913, sin que Marín hiciera ningún intento por revivirla.

No fue el único intento de Marín en este terreno. El 27 de mayo de 1912 presentó una nueva patente de invención[125] referida en esta ocasión a «un procedimiento nuevo de anunciarse exhibiendo películas cinematográficas, única y exclusivamente en la vía pública, paseos y demás sitios al aire libre conteniendo toda clase de anuncios fijos, animados, escritos y en cualquier forma que se indique por la persona o entidad interesada en ello para la propaganda de la Industria, del Comercio y de cuanto se quiera que llegue a conocimiento del público usando este procedimiento».

A pesar de la novedad de la idea, que se revelaba como antecesora de las pantallas publicitarias, la propuesta cayó en el olvido e igualmente caducó en octubre de 1912.

La producción cinematográfica Marín y Vaillard.

El protagonismo de Marín en el mundo de la cinematografía no se restringió únicamente a las facetas ya vistas de exhibidor y distribuidor, sino que contagiado del ejemplo de tantos otros pioneros, él mismo impulsó las realizaciones cinematográficas, empleando el talento de Oscar Vaillard, quien al margen de seguir fotografiando los paisajes y gentes de Jumilla y Alicante, incursionó brevemente en el terreno de las filmaciones.

La incursión de Vaillard en la realización cinematográfica se data antes de que conociera a Marín. En 1903 había adquirido una cámara Demeny-Gaumont Chronophotographe, de 35mm modelo 1896. La cámara, construida en madera de nogal y con interiores forrados de terciopelo, era uno de los equipos más sofisticados del

---

[125] Archivo Histórico de la Oficina Española de Patentes y Marcas. Expediente n° 53138.

momento. Sus cualidades técnicas eran descritas minuciosamente en una prestigiosa publicación de la época como sigue[126]:

> Un aparato de volumen muy reducido, y que equivale al de una cámara oscura de 13cm x 18cm; las películas miden sólo 35mm de anchura y llevan cuatro perforaciones por imagen; están en paso Edison, lo que permite que el aparato pueda proyectar la inmensa mayoría de las películas que se encuentran actualmente en el mercado. Por último [...] el precio del aparato no sobrepasa apenas el del un aparato fotográfico [...] Este modelo difiere no sólo por sus dimensiones, sino también por sus dispositivos mecánicos; que son más simples y más compactos, y su marcha es más perfecta [...] Este Chronophotographe consta de una caja rectangular de 15cm de largo, 20cm de altura y 10cm de anchura; en la parte delantera, una caja contiene los objetivos, uno para la toma de las vistas, un objetivo anastigmático Zeiss de 50 mm; y otro para las proyecciones, el objetivo doble Darlot. La parte posterior de la caja puede abatirse gracias a dos bisagras, y deja al descubierto el mecanismo para colocar fácilmente las cintas de películas [...] Una bobina metálica cargada de película sensible se dispone en el cargador superior, en el cual gira sobre su eje [...] En la parte inferior, se encuentra un cargador con una hendidura por la que pasa la película. Ésta es mantenida en su sitio por un resorte, de tal modo que la película circula entre dos superficies de terciopelo y de esta manera no puede romperse o estropearse por el rozamiento que sufre, asegurando de igual manera que mantiene su forma [...] La película sale por un orificio practicado en la cara inferior de la caja, por donde cae libremente hacia abajo (caso de las proyecciones), o bien penetra en un segundo cargador semejante al de la parte superior [...] La caja metálica del interior contiene una rueda dentada que acciona un piñón conectado al eje de la manivela que permite accionar la película y su paso por el objetivo.

Equipado con la cámara, Vaillard comenzó a filmar vistas de los principales acontecimientos sociales que acontecían en las poblaciones donde solía residir. Las películas realizadas por Vaillard eran muy similares a las filmaciones Lumière, en las cuales se presentaban acontecimientos de interés social como festejos, desfiles,

---

[126] TRUTAT, E.: *La photographie animée*. Imprimerie Gauthier – Villars, París, 1899; pp. 55-60.

acontecimientos políticos, sin olvidar los "hechos cotidianos" tales como salidas de fábricas, comidas familiares, etc. Modelos que fueron seguidos por numerosos pioneros como Gelabert o Gimeno entre otros.

En abril de 1903 se relaciona el nombre de Vaillard con una filmación de carácter religioso realizada en Lorca, exhibida además en un cinematógrafo de su propiedad, dato del que únicamente queda un registro hemerográfico:

«El próximo domingo a las tres de la tarde, según acuerdo de la directiva del Paso Blanco y Mr Oscar Vaillard, desfilará aquel vistiendo sus numerosos y artísticos grupos bíblicos por las calles de Floridablanca y Espartero, donde el señor Vaillard tomará una magnífica vista en película de gran extensión para el cinematógrafo que tiene instalado en esta población»[127].

Sí queda constancia de la actividad cinematográfica desarrollada por Vaillard en Alicante a partir de 1903, unos años antes de que se estableciera en esta ciudad José María Marín.

En septiembre de 1903 el nombre de Vaillard aparece asociado al Salón Novedades, dirigido por el empresario local Rafael Mora. El Novedades fue el primer local de espectáculos de Alicante que incluyó de manera habitual proyecciones de cine junto a espectáculos de variedades. Según las noticias publicadas, Vaillard colaboró con la proyección de vistas fijas, es decir, placas de linterna mágica, y filmaciones realizadas por él mismo[128]. En este caso se puede observar que las películas realizadas por Vaillard se corresponden con las fotografías que efectúa de los mismos eventos y que forman parte de la colección existente hasta la actualidad.

Así, en la fecha indicada y en el mismo Novedades procedió a proyectar un programa en el que se empleaba tanto material adquirido junto a la cámara como de factura propia, en especial los títulos referidos a Murcia y Alicante[129]:

> 1º Máquina aventadora. 2º Alicante. –Antigua fuente de San Cristóbal. 3º Alicante. –Id. id. de Quijano. 4º Lorca. –Fuente de San Cristóbal. 5º París. –Exposición de 1900. –Gran Palacio. –Escultura. 6º París. –Id. id. Estatua de Vercingétoris. 7º París. –Id. id. Calle de las naciones. 1ª Parte. 8º Alicante

---

[127] El Liberal, Murcia, 19 de abril de 1903.
[128] El Noticiero, Alicante, 8 de septiembre de 1903.
[129] La Correspondencia de Alicante, Alicante, 8 de septiembre de 1903.

1903. – Despejo de la Batalla de Flores. 9° Alicante 1903. –Club de Regatas el día del Campeonato de España. 10. París –Avenida de la Ópera. –Movimiento de gente y carruajes hacia atrás. 11 y 12. Totana (Murcia) –Paisaje de Santa Eulalia. 13. La Sequick. Pozo de riego en Egipto. 14. Madrid. Parada de la guardia en Palacio. –Infantería. 15. Madrid. –Plaza de Oriente. 16. Argelia. –Danzas de las Ouled Nail. 17. Alicante 1903. –Batallón Infantil. –El cuadro en la Plaza de Toros. 18. –La merienda. 19. Desfile después de la misa de campaña. 20. Desfile y esgrima a la bayoneta en la Plaza de Toros. 21. Montserrat (Cataluña). –El monasterio (desde San Miguel). 22. Id. id. id. – (desde San Juan). 23. Miss Ebrard. –Danza serpentina en color.

Programa que recoge imágenes que son de factura Vaillard, como las vistas efectuadas en Murcia, Alicante y París; mientras que otras, como las danzas de Argelia o la Serpentina, indudablemente debían de formar parte de filmaciones adquiridas con la cámara y que formaban parte de los incipientes catálogos que comenzaban a implantarse en esos primeros tiempos de la cinematografía.

En días siguientes proyectó otras filmaciones que realizó en la ciudad: «Gigantes y cabezudos»[130], «La llegada del botijo»[131], «La casa de fieras»[132] y «Vista panorámica de Alicante»[133] siempre como complemento de la programación del Salón Novedades.

No existen más referencias a más realizaciones hasta el año 1907. Los títulos realizados en los primeros días de febrero de ese año fueron «Salida de gente de misa de doce de la iglesia de San Nicolás», «Carnaval en la Explanada de España» y «Gigantes y cabezudos en Alicante». Las dos primeras se estrenaron el 17 de febrero y la última el 28 de febrero todas ellas en el Salón Novedades[134].

---

[130] *Ibíd.* 9 de septiembre de 1903.

[131] El Tren Botijo, con una frecuencia semanal durante los meses de verano, traía a los veraneantes para disfrutar de la oferta turística de la ciudad. Por otra parte, esta línea ferroviaria y su prolongación de vía estrecha hasta Denia «desarrollaron el comercio y el viaje desde Madrid hasta Francia – vía Marsella» en FERNÁNDEZ FÚSTER, L: *Historia general del turismo de masas.* Alianza, Madrid, 1991; p. 206.

[132] *La Correspondencia Alicantina*, Alicante, 12 de septiembre de 1903.

[133] *El Noticiero*, Alicante, 12 de septiembre de 1903.

[134] *El Noticiero*, Alicante, 13 febrero 1907, El Correo, Alicante, 15 febrero 1907, Diario de Alicante, 28 de febrero de 1907.

En 1911 queda constancia de una realización cuyo título era «Jura de Bandera en Alicante» y que se corresponde con uno de los temas fotografiados en 1903. Esta filmación formó parte de la reposición que se efectuó en julio de 1914 en el Salón Moderno, en un programa especial que se tituló «Actualidades Alicantinas»[135].

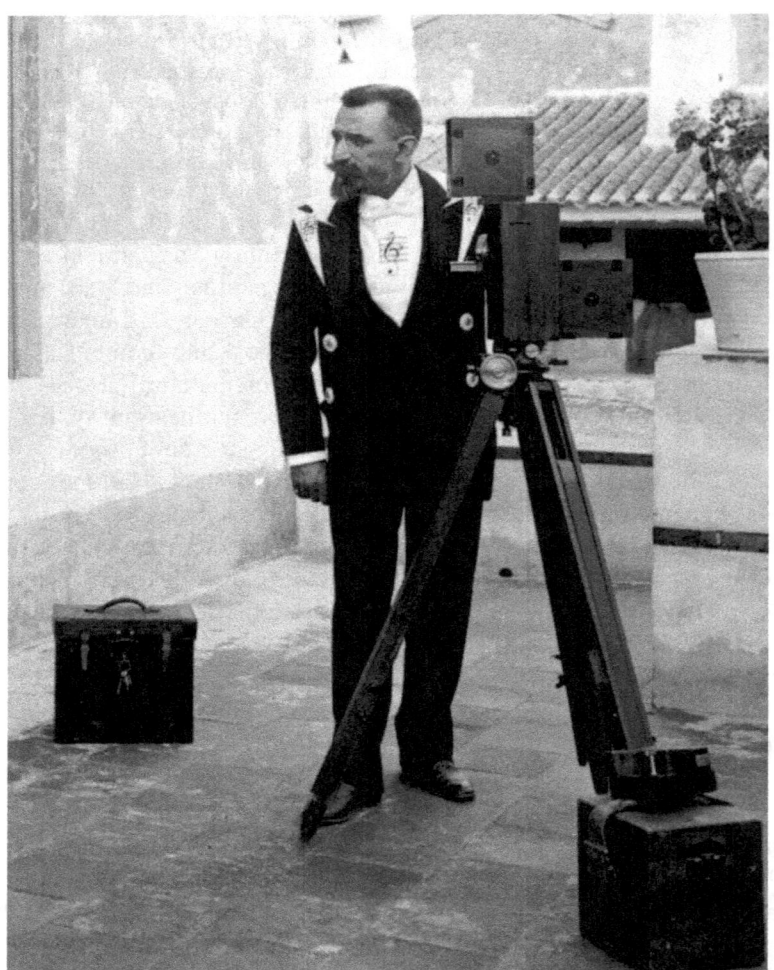

Vaillard con la cámara Demeny-Gaumont Chronophotographe

---

[135] *El Correo*, Alicante, 19 de julio de 1914.

El año 1912 es cuando aparece vinculado el nombre de Vaillard al de Marín en la realización de películas destinadas a ser exhibidas ente otros en el Salón Moderno propiedad de Marín. El momento inicial fue con motivo de la Semana Deportiva de ese año[136]. En marzo de 1912 la prensa incluía diversa información acerca de los actos deportivos y lúdicos que tendrían lugar en la ciudad. Entre toda la información se reseñaba la actividad cinematográfica de estos dos pioneros del cine con motivo de los vuelos que sobre la ciudad de Alicante había realizado el pionero de la aviación Leoncio Garnier, comerciante francés afincado en San Sebastián. Ganier, que había recorrido buena parte de la geografía española haciendo exhibiciones aéreas con su avión, un Blériot XI, recaló en marzo de 1912 en Alicante donde efectuó varios vuelos que aparte de ser captados en instantáneas fotográficas lo fueron también por la cámara de Vaillard. Posiblemente, el mismo Vaillard apareciera en una de las fotografías que sobre el evento se publicaron en la revista Mundo Gráfico[137].

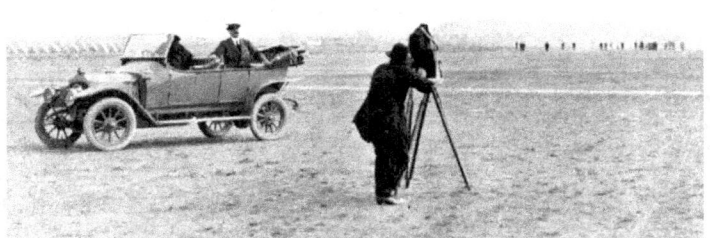

Posible fotografía de Vaillard filmando el vuelo de Garnier

---

[136] *Ibíd.*, 12 de marzo de 1912.
[137] *Mundo Gráfico*, Madrid, 27 marzo 1912.

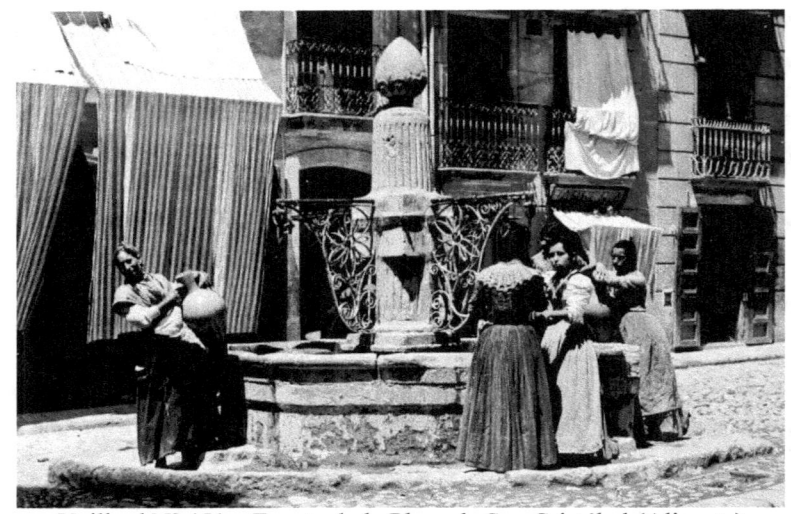

Vaillard Nº 451 – Fuente de la Plaza de San Cristóbal (Alicante)

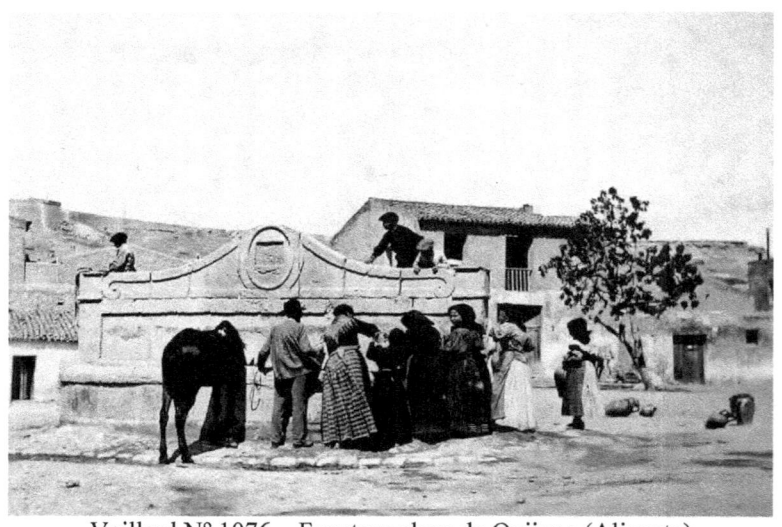

Vaillard Nº 1076 – Fuente y plaza de Quijano (Alicante)

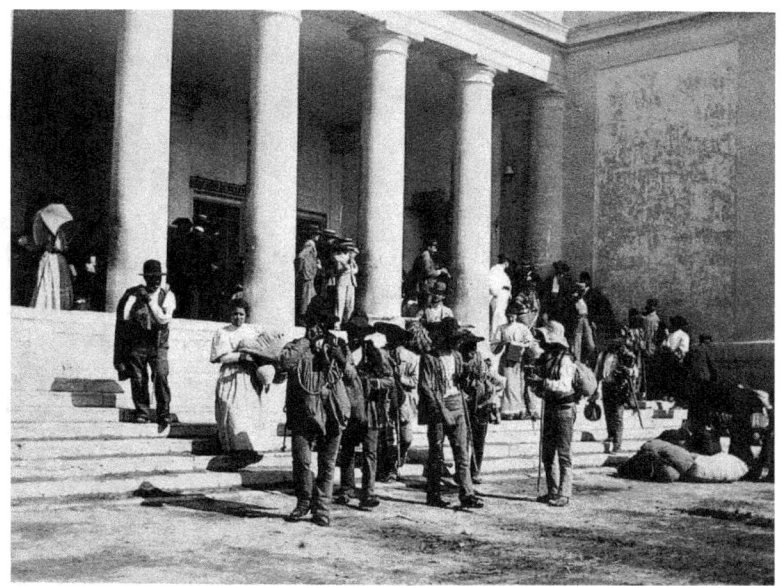

Vaillard N° 1133 – Llegada del Tren Botijo a Alicante

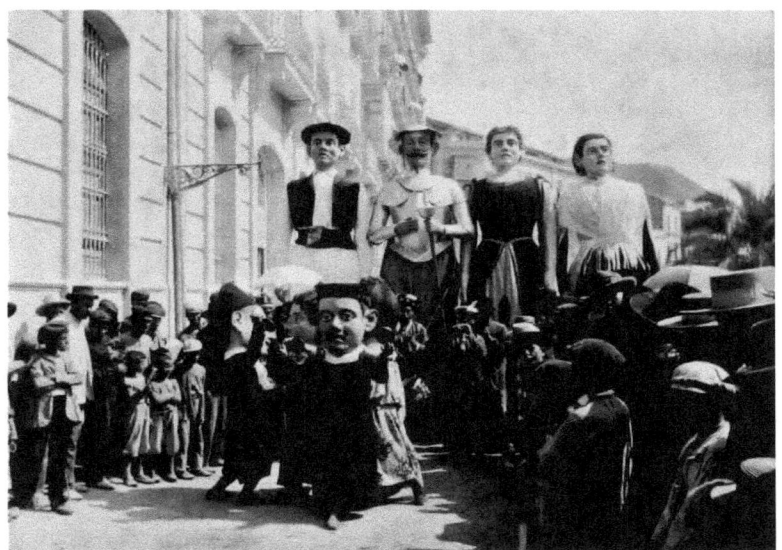

Vaillard N° 1780 – Gigantes y Cabezudos en la calle Dr. Gadea (Alicante)

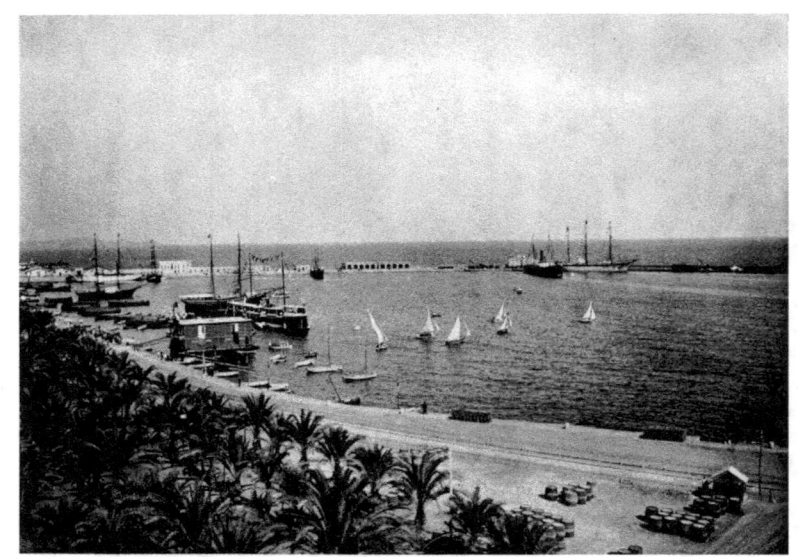

Vaillard Nº 1786 – Regatas en el Puerto de Alicante

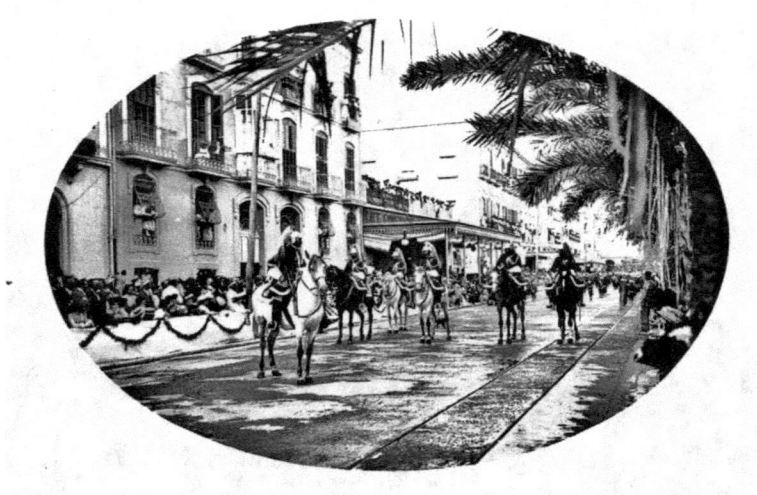

Vaillard Nº 1840 – Despeje de la Batalla de Flores

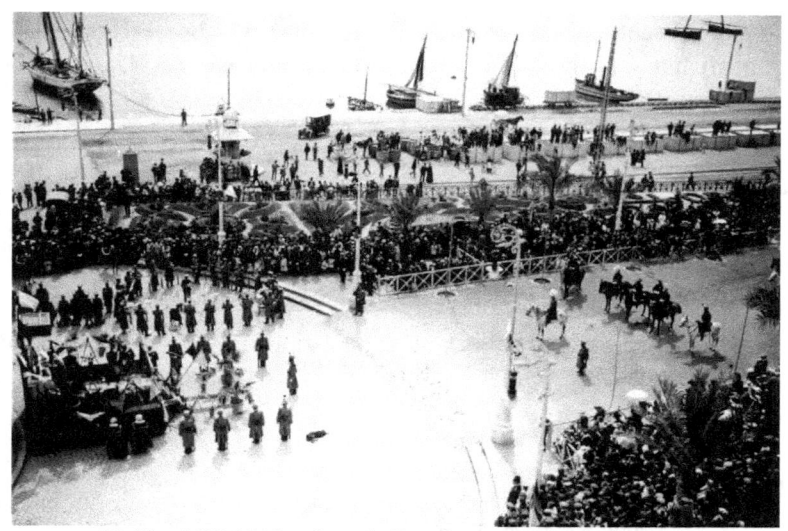

Vaillard Nº 1913 – Jura de Bandera en 1903 (Alicante)

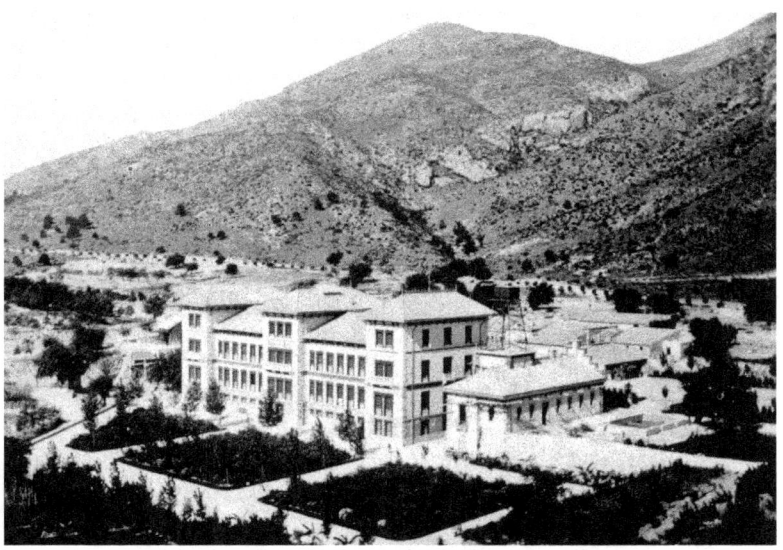

Vaillard Nº 937 – Sanatorio de Bussot (Alicante)

En cuanto a la película que filmó en esa ocasión tan solo quedan referencias hemerográficas que señalan el proceso de edición de la misma y su posterior exhibición en el Cine Sport apenas dos días después.

> Hemos tenido el gusto de visitar los talleres de la casa Marín y Vaillard, editores de películas cinematográficas, en los que se trabaja con gran actividad en el tiraje de la cinta impresionada ayer por D. Oscar Vaillard, durante los vuelos de Mr. Garnier[138].

Se tiene constancia también del tipo de imágenes que pudo filmar ya que también se publicó en prensa la participación de Garnier:

> Contratado solamente para volar durante los días 13 y 14 del actual, Garnier, con gran espíritu *sportivo*, voló en los siguientes días; yendo a recibir y acompañar por la vía aérea el tren real a la llegada de SS.MM. a Alicante, y sobrevolando la plaza de toros durante la corrida regia[139].

El 15 de marzo de 1912 los reyes de España, Alfonso XIII y Victoria Eugenia de Battenberg, llegaron a Alicante para asistir a diversos actos programados. Ese mismo día, al mediodía, fueron recibidos en el Ayuntamiento de la ciudad. De este momento, que fue captado por cámaras fotográficas tanto de profesionales de la prensa nacional como de la local, quedaron numerosas instantáneas[140].

También Vaillard efectuó una filmación de este acontecimiento desde el nivel de la calle a juzgar por las imágenes que se han conservado.

---

[138] *El Popular*, Alicante, 14 de marzo de 1912 y Diario de Alicante, 14 de marzo de 1912.

[139] *ABC*, Madrid, 21 de marzo de 1912.

[140] Se reproduce en esta página la publicada en *La ilustración artística*, Madrid, 25 de marzo de 1912.

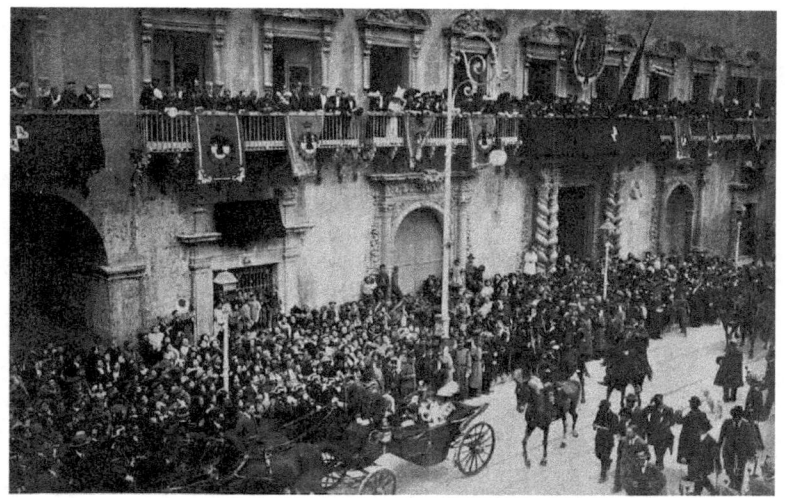
Alfonso XIII frente al Ayuntamiento de Alicante

Como parte de los festejos, se realizaron corridas de toros en Alicante. La correspondiente al día 16 de marzo, a la que asistieron los reyes, fue filmada por Vaillard y se proyectó al día siguiente en el Cine Sport[141]. Posteriormente se estrenó en Valencia[142] y Tenerife[143] ya que formaron parte de las películas que Marín suministraba a cines de estas ciudades.

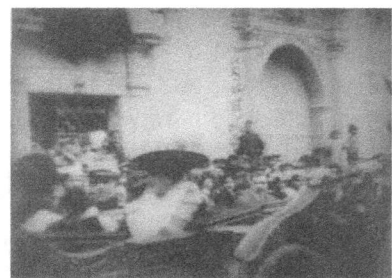 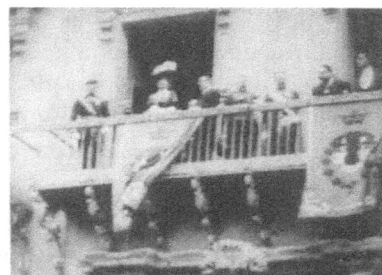
Imágenes de la visita de los reyes de España a Alicante (Vaillard, 1912)

Por último, el jueves 21 de marzo, se proyectó la última de las filmaciones realizadas durante las fiestas, la «Batalla de flores»:

---

[141] *El Popular*, Alicante, 16 de marzo de 1912.
[142] *Las Provincias*, Valencia, 17 de noviembre de 1912.
[143] *El Periódico Lagunero*, Tenerife, 21 de julio de 1913.

Anoche tuvimos la satisfacción de presenciar en el Salón Novedades la exhibición de la película Batalla de flores en Alicante, editada por la casa Marín y Vaillard de esta plaza, festejo que tan brillante resultado obtuvo y que ha constituido el mejor número del programa de los celebrados con motivo de la visita de SS.MM a esta población. El éxito franco obtenido por la película que nos ocupa es causa de que esta noche se repita, y seguramente será admirada por el público que tanto favorece este salón. Felicitamos sinceramente a nuestros amigos Sres. Marín y Vaillard, que no reparando en sacrificios de ninguna especie han montado en Alicante una industria que puede competir con la de las más renombradas casas nacionales y extranjeras.

Siguiendo el ejemplo de los modelos temáticos implantados por los Lumière y consolidados por los noticieros Pathè, Vaillard registró con su cámara el accidente ferroviario que ocurrió en Alicante el 4 de octubre de 1912. Ese día, el Tren de Andalucía, debido a un fallo mecánico y la falta de experiencia del maquinista, no detuvo su marcha y tras saltar la barrera de frenado arrolló a algunos pasajeros que esperaban en los andenes y acabó atravesando la fachada hasta detenerse en la escalinata de la estación. Con un balance de cinco muertos y quince heridos, fue una de las catástrofes ferroviarias más importantes de principio del siglo XX, por lo que la noticia de la misma fue incluida en numerosos periódicos nacionales[144]. La referencia a la película filmada y posteriormente exhibida se encuentra en la prensa, cuando el día 11 de octubre ya se proyecta en el Cine Sport de Alicante bajo el título «Catástrofe ferroviaria en Alicante»[145]. También se ha detectado la proyección de la misma película en el Teatro Jorge Juan de Novelda dos días después[146].

A finales de 1912, en el mes de diciembre, el equipo de fútbol Lucentum Club organizó una jornada deportiva en Busot a la que asistieron los socios y familiares, así como una nutrida representación de los sectores culturales y deportivos de Alicante. El

---

[144] Baste destacar las referencias aparecidas en *La Correspondencia de España*, Madrid, 4 de octubre de 1912 y *Diario de Córdoba*, Córdoba, 5 de octubre de 1912.
[145] *La Unión Democrática*, Alicante, 11 de octubre de 1912.
[146] *El Combate*, Novelda, 12 de octubre de 1912.

desplazamiento y los diversos actos fueron filmados por Vaillard[147], noticia que trascendió a nivel nacional[148], aunque no existe constancia de su exhibición en alguno de los cines de la ciudad. La referencia publicada en prensa deja constancia de una de las primeras noticias de preproducción a la hora de realizar una filmación, a saber: «El inteligentísimo Mr. Oscar Vaillard, a cuyo cargo corresponde la impresión de las películas cinematográficas que ha de ser fiel reproducción de [...] este viaje [...] marchará un día de la próxima semana a estudiar sobre el terreno los puntos estratégicos del camino que conducen a Busot para asegurar más el éxito de su difícil misión»[149].

No hay más noticias de filmaciones de Vaillard hasta el año 1914 fecha en la que se datan dos realizaciones igualmente exhibidas en el Salón Moderno propiedad de Marín. El primero de los títulos corresponde a «Danzas infantiles en la plaza de Hernán Cortes», que a juzgar por la fecha de estreno en vísperas de las fiestas de verano se correspondía a alguna filmación realizada años antes ya que en 1914 las danzas infantiles como programa oficial de las fiestas se produjeron a partir del día 24. Lo cierto es que a principios de mes se proyectó esta cinta como parte de la programación habitual del cine[150].

A finales de año hay constancia de que Vaillard filmó la película titulada «Inauguración del monumento a Canalejas» acto que se produjo el 13 de diciembre de 1912[151]. Dicha filmación fue exhibida el 14 de diciembre en el Salón Moderno[152]. No obstante la premura de la edición de las imágenes registró una excelente acogida por la crítica local:

«Ante numerosa concurrencia se exhibió el lunes la magnífica cinta de gran actualidad Inauguración del monumento a Canalejas, que a pesar de la prontitud con que fue hecha esta película por la casa Marín, obtuvo un exitazo colosal por su esmero y lo bien perfeccionada que está, mereciendo dicha casa productora nuestro

---

[147] *Diario de Alicante*, Alicante, 12 de diciembre de 1912 y 16 de diciembre de 1912.
[148] *La Vanguardia*, Barcelona, 11 de diciembre de 1912.
[149] *Diario de Alicante*, Alicante, 7 de diciembre de 1912.
[150] *El Popular*, Alicante, 3 de agosto de 1914.
[151] *Diario de Alicante*, Alicante, 14 de diciembre de 1912.
[152] *Ibíd.* 15 de diciembre de 1914.

más sincero aplauso por habernos presentado esta cinta de tan aplastante interés»[153].

La última constancia que queda de una filmación realizada por Vaillard para ser exhibida en el cine de Marín fue la realizada en marzo de 1915 con motivo del incendio del petrolero belga Tiflis anclado en el puerto de Alicante, suceso que se produjo por negligencia de un miembro de la tripulación. El buque estuvo ardiendo desde el 3 al 6 de marzo causando numerosos desperfectos en las instalaciones del puerto así como varias víctimas[154]. Según los datos disponibles, Vaillard acudió con su cámara para filmar el hecho aunque aún no se ha localizado fecha exacta de su estreno[155].

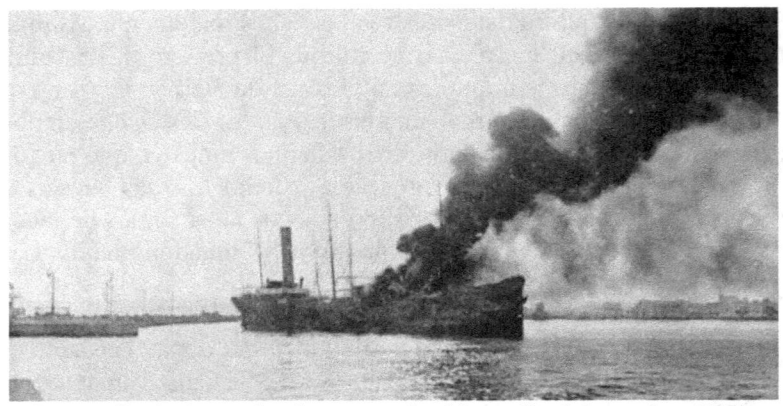

Fotografía de época donde se aprecia el incendio del petrolero Tiflis

Al margen de las películas exhibidas en los salones cinematográficos, queda constancia de una filmación de carácter familiar titulada «Baño de Madeleine»[156], en donde aparece su hija, de apenas unos meses, junto a su esposa María Pollet y otros miembros de la familia.

---

[153] *La Crítica*, Alicante, 20 de diciembre de 1914.
[154] *ABC*, Madrid, 4 de marzo de 1915.
[155] *Alicante Obrero*, Alicante, 6 de marzo de 1915 tan sólo señala que «dentro de breves días se estrenará en el Salón Moderno una banda que la Casa Marín ha impresionado con el incendio del "Tiflis" en el puerto de Alicante».
[156] Dicha película fue digitalizada en la Filmoteca de la Generalitat Valenciana. José Manuel Collados Vaillard puso en conocimiento del autor esta filmación.

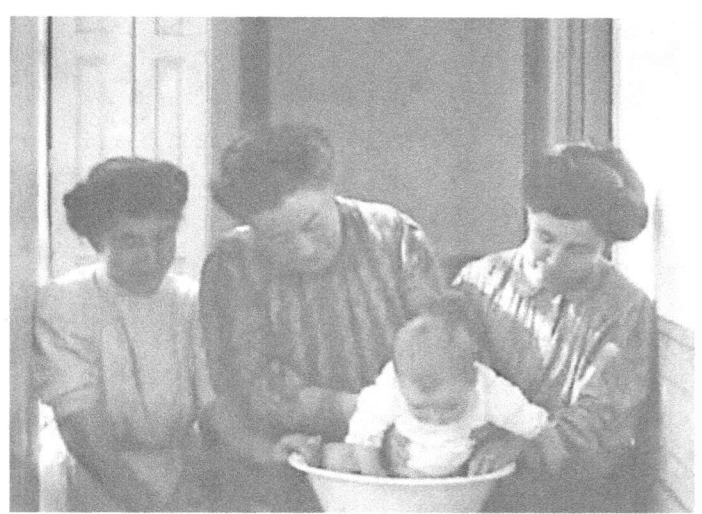
Fotograma de «El baño de Madeleine» (1912)

La película, filmada en abril de 1912 en el interior del piso que Vaillard tenía en la Casa Alberola de Alicante, muestra un plano único que guarda gran parecido con las filmaciones Lumière, en concreto con «Repas de bébé» (Lumière N° 88, 1895) y un gran acierto a la hora de disponer las contraventanas para conseguir una iluminación perfecta para la escena.

En definitiva, y según los datos existentes, al día de hoy, la producción cinematográfica de Oscar Vaillard se puede catalogar como sigue:

Título	Localización	Fecha	Estreno
Paso Blanco	Lorca	1903	Cine Vaillard (Lorca) s/d
Máquina aventadora	s/d	1903	
Fuente de San Cristobal	Lorca	1903	
Paisaje de Santa Eulalia	Totana	1903	
Antigua fuente de San Cristobal	Alicante	1903	
Antigua fuente de Quijano	Alicante	1903	Salón Novedades 8 de septiembre de 1903
Vista panorámica de Alicante	Alicante	1903	
Despejo de la Batalla de Flores	Alicante	1903	
Club de Regatas el día del Campeonato de España	Alicante	1903	
Batallón infantil: El cuadro en la Plaza de Toros	Alicante	1903	
Batallón infantil: La merienda	Alicante	1903	

Batallón infantil: Desfile después de la misa de campaña	Alicante	1903	
Batallón infantil: Desfile y esgrima a la bayoneta	Alicante		
Gigantes y cabezudos	Alicante	1903	Salón Novedades
La llegada del Tren Botijo	Alicante	1903	9 de septiembre de 1903
La casa de fieras	Alicante	1903	Salón Novedades
Vista panorámica de Alicante	Alicante	1903	12 de septiembre de 1903
Salida de gente de misa de doce de la iglesia de San Nicolás	Alicante	1907	Salón Novedades
Carnaval en la Explanada de España	Alicante	1907	17 de febrero de 1907
Gigantes y cabezudos en Alicante	Alicante	1907	Salón Novedades 28 de febrero de 1907
Jura de Bandera	Alicante	1911	Reposición en 1914 en el Salón Moderno
Vuelo de Mr. Garnier	Alicante	1912	Cine Sport 14 de marzo de 1912
Visita de Alfonso XIII	Alicante	1912	Cine Sport
Corrida de toros regia en Alicante	Alicante	1912	16 de marzo de 1912
Batalla de Flores	Alicante	1912	Cine Sport 21 de marzo de 1912
Catástrofe ferroviaria	Alicante	1912	Cine Sport 11 de octubre de 1912
Excursión a Busot	Alicante	1912	s/d
Baño de Madeleine	Alicante	1912	s/d
Danzas infantiles en la plaza de Hernán Cortés	Alicante	1914	Salón Moderno 3 de agosto de 1914
Inauguración del Monumento a Canalejas	Alicante	1914	Salón Moderno 12 de diciembre de 1914
Incendio del petrolero Tiflis	Alicante	1915	Salón Moderno s/d

CONCLUSIÓN.

Desde mediados del siglo XVIII, en España, al igual que sucedía en gran parte de Europa, los dispositivos ópticos fueron empleados como una de las formas de ocio en las ciudades. Los espectáculos de linterna mágica, los dioramas y panoramas, comenzaron a ser exhibidos en teatros, ferias, tabernas e incluso en domicilios particulares. Buena parte de la sociedad estaba familiarizada con este tipo de espectáculos en donde se les ofrecían viajes a lejanos paisajes, catástrofes naturales y guerras, la furia de los elementos e historias truculentas plagadas de apariciones y fantasmas.

Por ello, la llegada de diversos dispositivos que lograban recrear el efecto de movimiento en la pantalla fue aceptada como parte de una lógica y esperada evolución técnica. De hecho el cinematógrafo fue exhibido en un principio como si fuera uno más de esta familia de artilugios destinados a recrear el movimiento de una manera científica. No en vano su nacimiento había sido fruto de un largo proceso de investigaciones[1] entre cuyos resultados se podían contar el Kinetógrafo (1889) y el Kinetoscopio (1891) de Edison; el Phantascope (1895) de Jenkins y Armant; el Vitascope (1895) de Armat, el Cinematógrafo (1895) de los Lumiére, el Cronofotógrafo (1895) de Demenÿ; la Kinetic Camera (1895) de Birt Acres y Robert Paul, el Teatrograph de Paul y el Proyector Apolo de Oskar Messter. Todos ellos fueron presentados al público en recintos feriales, fiestas privadas de la burguesía o como reclamo publicitario en los intervalos de las funciones teatrales.

La aparición del cinematógrafo –término genérico bajo el que se entiende la representación de la imagen en movimiento[2]– supuso

---

[1] SADOUL, G: *El cine, su historia y su técnica.* F.C.E., México, 1952; p. 9 recuerda: «El cine no ha surgido, en una sola noche, del cerebro de un genial inventor. Para que pudiera nacer, se necesitó el trabajo de centenares de investigadores de distintos países, durante más de medio siglo».

[2] De hecho en Gran Bretaña Birt Acres y Robert W. Paul en febrero de 1895 empleaban una cámara de 35 mm para filmar, mientras que en Estados Unidos el Vitascopio de Jenkins y Armat fue exhibido de manera púbica en septiembre de 1895, dando paso a una historia posterior en la que intervino Edison entre cuyos objetivos estuvo distribuir el Vitascopio y el posterior Kinetoscopio en Latinoamérica. Max Skladanowsky, por su parte, ofreció

la irrupción de un nuevo modelo de ocio basado en el despliegue en una pantalla de una recreación del movimiento y una nueva percepción de la realidad y no tanto del pago por asistir a esa representación puesto que dicha práctica ya se empleaba en la gran mayoría de los espectáculos precedentes. Con unos modelos temáticos que le eran conocidos debido a que los espectáculos anteriores también mostraban temas semejantes. No eran pocas las reflexiones que se manifestaban en esta línea: «es más fácil entretener al pueblo con la imitación de un incendio, de una tempestad, de un naufragio, de un volcán, y con las vistas de una mina, o con un panorama, o un cuadro movible, que con una escena bien urdida, versificada y representada»[3].

En cualquier caso, las primeras realizaciones establecieron el modelo a seguir y los temas básicos del cine de los orígenes. Temas que, como manifestaba Kracauer, eran «los lugares públicos, atestados de gente que se mueve en todas direcciones. Las multitudinarias calles captadas por las fotografías estereoscópicas de fines de la década de 1850 reaparecían, así, en la pantalla primitiva. Era la vida en sus momentos más libres, más inconscientes, un torbellino de configuraciones transitorias que se disolvían para siempre y solo eran accesibles a la cámara»[4].

En efecto, las filmaciones de los Lumière y sus operadores, las del Catálogo Edison, o los primeros noticieros Pathé recogían imágenes de su tiempo, como parte de un proceso didáctico por el que «gracias al cine, el hombre aprende a conocer a los hombres y la tierra»[5].

La sociedad aceptó al cinematógrafo como una manifestación más de la cultura del espectáculo. Aunque deseaba encontrar en las películas una continuación de sus formas de ocio, ligadas al naturalismo que había impregnado a las artes plásticas y los numerosos espectáculos audiovisuales anteriores.

Poco a poco la producción se fue sistematizando en dos grupos de realizaciones: no ficción y ficción, siendo esta última la que acabó siendo heredera de la tradición en las artes antes citadas. Entre los films

---

proyecciones de Bioskop a partir de noviembre de 1895 en funciones de pago antes de que lo hicieran los hermanos Lumière.
[3] "Las minas de Polonia". *Minerva o El revisor general.* Vega y Compañía, Madrid, 1805, p. 153.
[4] KRACAUER, S: *Teoría del cine.* Paidós, Barcelona, 1989, p. 54-55
[5] SADOUL, G: *Las maravillas del cine.* F.C.E. México, 1960, p. 13

del género no ficción se pueden señalar los que se han codificado como documentales, si bien este género abarcó muy diversas manifestaciones. Una de las más características, a juzgar por el amplio repertorio que existe en la programación de las primeras sesiones, fueron las vistas, tipo de filmación en la cual «la cámara cinematográfica se comporta literalmente como un turista, un espectador o un investigador, y el placer del cine nace enteramente de este acto de visión delegada [...] en las vistas, el mundo se muestra al objetivo y por tanto al espectador»[6].

Dentro del documental que se proyectaba en las primeras sesiones, también se encontraban otros temas como era el deporte (combates de boxeo, partidos de fútbol, corridas de toros) y la política (imágenes de eventos oficiales, desfiles militares, personalidades y jefes de estado). Estas filmaciones en definitiva actuaban como una especie de noticiero en un nuevo soporte, pues de esta manera el cine se convirtió en «un dispositivo que capta fragmentos del mundo visible, los multiplica rápidamente y los distribuye de forma ubicua en el mercado de las imágenes»[7].

Junto a las vistas y actualidades según la tipología señalada, en las pantallas cinematográficas también se proyectaron una serie de imágenes que se filman en espectáculos teatrales y de variedades de manera que sobre las pantallas se mostraban «escenas de clowns, acróbatas, contorsionistas y prestidigitadores, las exhibiciones de animales amaestrados, las danzas serpentinas, las danzas españolas, japonesas o de otras nacionalidades, los films de mímica y [...] los números de ilusionismo»[8].

Junto a todos ellos comenzaron a representarse de manera reducida o adaptada las obras de teatro que dieron paso al cine de ficción.

La primera proyección de vistas filmadas en Alicante se produjo en diciembre de 1902, cuando el Salón Novedades proyectó una serie de películas cuya autoría se debió a Luis Rodes, cineasta aficionado que realizaba filmaciones para visionado particular y que de manera puntual proyectó esta realización en una sala comercial.

---

[6] GUNNING, T: "Prima del documentario: il cinema non fiction delle origini e l'estetica della veduta" en *Historia general del cine*. Ed. Cit. p. 245
[7] DALL'ASTA, M: "Los primeros modelos temáticos del cine" *Historia General del cine. Ed. Cit.* p. 250
[8] *Ibid.* p. 254

Contando con este precedente, no es de extrañar que Oscar Vaillard, quien había fotografiado paisajes, personajes y actividades industriales y cotidianas de Murcia y Alicante, decidiera filmar con la cámara que había adquirido las mismas escenas, y otras, en el marco geográfico en el que vivía. Esta serie de filmaciones encontraron su canalización para la exhibición a través de la pantalla del Salón Novedades, donde se intercalaban las producciones de esta firma local con otras llegadas de los circuitos habituales de distribución. Más adelante, debido a su asociación con Marín, las películas que filmaba encontraron una distribución mayor. Vaillard, en definitiva, puede ser considerado pionero cinematográfico por las películas que filmó ya que se ajustan tanto por su temática como por su carácter técnico al modelo propuesto y estandarizado por los hermanos Lumière y los noticieros Pathè. Registró los eventos más importantes de la ciudad de Alicante, al tiempo que estuvo atento a los acontecimientos de actualidad –como la visita de Alfonso XIII, el accidente ferroviario o el incendio del Tiflis– para dejar constancia cinematográfica de ellos con un carácter ligado a la exhibición pública, hecho de vital importancia para los primeros momentos de la historia del cine.

La exhibición cinematográfica fue desde sus orígenes una manifestación urbana. Se desarrolló en espacios específicos de entretenimiento ya existentes. En este sentido, tanto en Alicante como en Águilas se ha podido constatar esta realidad que es semejante a la de numerosas ciudades de España. No obstante, a lo largo de los primeros años de exhibición se encontraban dos tipos de lugares de representación: los locales itinerantes –ligados al sistema de ferias– y el de las salas permanentes.

Durante los primeros años de exhibición ésta se efectuaba en una serie de recintos arquitectónicos caracterizados por su carácter efímero, ya que se trataba en su mayor parte de construcciones desmontables realizadas en madera –periodo 1896 a 1898– y ya en los últimos años del XIX y principios del XX con un cierto carácter estable.

Estos primeros recintos de exhibición no eran más que barracones o pabellones que se iban instalando en las ferias que recorrían las principales ciudades de Europa. Estos barracones eran «construcciones de madera y lona para el techo que, aunque desmontables, podían estar dotados de una cierta estabilidad»[9] y que solían pasar temporadas de varios meses en las ciudades haciendo

---

[9] Miguel Palacio, *op. cit.* p. 230

160

coincidir su presencia con fechas señaladas como la época navideña o la estival.

Estos pabellones solían responder a un mismo criterio constructivo: un espacio rectangular acotado por una estructura de madera y cubierta de lona, un escenario a imitación de los teatrales, una capacidad media entre 100 y 200 personas que se disponían en los espacios de general y preferencia en butacas o asientos corridos. En su interior se encontraban diversos espacios destinados a albergar camerinos para los actores, un reducido vestíbulo para que los espectadores pudieran transitar durante los descansos, y –como es obvio– el lugar destinado al proyector cinematográfico. En cuanto al aspecto decorativo, se recurría a un lenguaje ornamental de vinculación modernista con profusión de líneas curvas, entramados vegetales y decoración en marquetería.

Una vez que el cinematógrafo se asentó como espectáculo de masas, los locales que lo albergan abandonaron su carácter efímero para pasar a ocupar edificios construidos exprofeso o, en su defecto, grandes locales readaptados, capaces de dar cabida a un mayor número de público.

En cualquier caso, y a rasgos generales, este tipo de construcciones constaba de una serie de espacios diferenciados. En primer lugar el espacio del público que solía estar dividido en dos o tres zonas que se correspondían con los asientos de general –en la que se disponían una serie de asientos corridos– y preferencia, con asientos de madera clavados sobre una tarima. Por las propias exigencias técnicas de la exhibición de películas, es en la zona posterior de este espacio donde se ubica el aparato proyector. En segundo lugar, estaba el espacio de representación. Puesto que la gran mayoría de estos locales estaban destinados a espectáculos de variedades y proyecciones cinematográficas, en este espacio se encontraba un escenario y una pantalla tras la cual solían encontrarse un pequeño pabellón destinado a los actores, el atrezzo, etc. Por último, se encontraba el espacio de servicio: era de primordial importancia que estas construcciones, por muy efímeras que fueran, tuvieran una distribución interior que hiciera cómoda la estancia en ellas, así se parcelan alrededor del patio de butacas una sucesión de pasillos y vestíbulos.

La propuesta de Marín demostró ser pionera ya que en Águilas construyó el Teatro España para ofertar obras de teatro y números musicales durante la temporada estival. Obviamente, la llegada del cinematógrafo supuso la incorporación de este elemento a su oferta de ocio. Cuando se trasladó a Alicante, debido a la oferta de locales y exhibidores ambulantes que recalaban en la ciudad, Marín se limitó en un principio a distribuir películas y material técnico, pero con el asentamiento del cine como forma de ocio estandarizado llegó el momento de construir uno de los cines más queridos por el público de la década de los diez del siglo XX: el Salón Moderno.

La exhibición cinematográfica no hubiera existido de no ser por la implantación de un sistema de distribución de películas. En este sentido la dinámica emprendida por la casa Pathè, a partir de la adquisición de la patente de la cámara Lumière, resultó fundamental. Dentro de la vasta red de distribución que la casa francesa organizó en Europa, Marín aparece asociado a esta, lo que le permitió por un lado asegurar los títulos de novedad en los cines de Alicante. Por otro lado, una vez asociado con Vaillard, introducir alguna de las filmaciones autóctonas en los canales de distribución. Lamentablemente, la falta de documentación no permite conocer al detalle el alcance de esta tarea, pero se han podido constatar los primeros indicios de esta distribución de filmaciones locales.

En definitiva, Marín se convirtió durante unos breves años en uno de los principales proveedores de películas no sólo para Alicante sino también para el resto de la geografía española. El hecho de contar con una red de representantes en diversas ciudades de la nación abre las puertas para una reflexión acerca de los mecanismos de distribución y las redes establecidas en los primeros años de la exhibición cinematográfica en España.

ANEXO: PROGRAMACIÓN DEL SALÓN MODERNO (1912 – 1923)

El siguiente anexo recoge los títulos de las películas proyectadas en el Salón Moderno desde su inicio hasta el cierre definitivo, años después del fallecimiento de Marín. La ausencia de mayor información en el registro hemerográfico ofrece, desgraciadamente, numerosas lagunas.

PROGRAMACIÓN DEL SALÓN MODERNO	
Temporada 1912 – 1913	
1912	
20 septiembre	Pedro el Cruel
1913	
27 febrero	La matanza
15 marzo	Gradas del trono
21 junio	Odio humano
16 julio	Media noche
17 julio	La hija del capitán
30 julio	La casa del misterio
Temporada 1913 – 1914	
1913	
15 octubre	La víbora negra
17 octubre	La hija del capitán del buque
1 noviembre	El banco del amor
3 noviembre	El cadáver viviente
20 noviembre	En el timón
24 noviembre	Corrida de toros de Bombita
30 noviembre	El banco del amor
1 diciembre	El banco del amor
2 diciembre	Blanco contra negro
1914	
9 enero	Mancha hereditaria
15 enero	Protea y el Anguila
24 enero	La bola negra
14 marzo	Cacería en África
17 marzo	La vampira india
18 marzo	La isla de la venganza La vampira india
18 abril	La tierra funesta
19 abril	La buena justicia

27 abril	Cuando la tierra tiembla
7 mayo	Satanasso
8 mayo	El misterio del cuarto 41
28 mayo	La mina de los millones
19 junio	La rendición de Raffles
22 junio	La máscara fatal
23 junio	El barquero del Danubio
2 julio	Saturnino Farándola
9 julio	El hombre de la muerte
18 julio	El escarabajo de oro
	Entrada de S. M. el rey en Alicante
	Batalla de flores en Alicante
	Jura de bandera en Alicante
21 julio	Corrida de toros de Joselito el Gallo en Madrid
4 agosto	Corridas de la feria de Valencia
5 agosto	Danzas infantiles en plaza Hernán Cortés
6 agosto	En las garras del león
12 agosto	En servicio secreto
21 agosto	El bandido de Port Aven
29 agosto	Corridas de Joselito y Belmonte
Temporada 1914 – 1915	
1914	
17 octubre	Hurto de diamantes
5 noviembre	La atracción del fauno
6 noviembre	Corazón de pobre
7 noviembre	Demonios
28 noviembre	El marino misterioso
14 diciembre	Inauguración del monumento de Canalejas
Temporada 1915 – 1916	
1915	
14 septiembre	En familia
12 octubre	El tres de oros
16 octubre	El tres de oros
18 octubre	El príncipe loco
29 septiembre	Sacrificio de un alma
11 diciembre	La dama de las camelias
1916	
1 febrero	La llave maestra
Temporada 1916 – 1917	
1917	
10 febrero	La reina joven
15 febrero	El beso de la muerte

164

17 febrero	El beso de la muerte
4 abril	Pasión y muerte de Jesús
Temporada 1917 – 1918	
1917	
21 septiembre	Los dos pilletes
23 septiembre	Los dos pilletes
24 septiembre	Viaje submarino de los hermanos Williamson
26 septiembre	Los dos pilletes
7 noviembre	Susana y los viejos
8 noviembre	Vida de Cristóbal Colón y su descubrimiento de América
16 diciembre	Nobleza de almas
17diciembre	Revenger
28 diciembre	La tragedia de la exclusa
1918	
1 enero	El domador
29 enero	Mariucha
31 enero	La mentira
7 febrero	La máscara de dientes blancos
9 febrero	Tormento
4 marzo	Las aventuras de Maciste
7 marzo	La marca del fuego
10 marzo	La culpa
13 abril	En los laberintos del alma
21 abril	La pequeña fuente
21 mayo	El cabo Simón o la aldea de San...
11 junio	Protea
23 junio	El león de la sierra
26 junio	El peligro amarillo
Temporada 1919 – 1920	
1920	
20 febrero	Las joyas de un imperio
21 febrero	Las joyas de un imperio
24 febrero	Las joyas de un imperio
25 febrero	Las joyas de un imperio
26 febrero	Las joyas de un imperio
27 febrero	Las joyas de un imperio
28 febrero	Las joyas de un imperio
1 marzo	Las joyas de un imperio
2 marzo	Las joyas de un imperio
3 marzo	Las joyas de un imperio
4 marzo	Las joyas de un imperio
5 marzo	Las joyas de un imperio

7 marzo	La marca de fuego
10 marzo	La prueba de hierro
11 marzo	La prueba de hierro
12 marzo	La prueba de hierro
13 marzo	La prueba de hierro
18 marzo	La prueba de hierro
20 marzo	La prueba de hierro
30 marzo	Jerusalén libertada
31 marzo	Jerusalén libertada
3 abril	Jerusalén libertada
7 abril	Por amor
9 abril	Por amor
10 abril	Los siete pecados capitales
13 abril	Los siete pecados capitales
15 abril	Los siete pecados capitales
16 abril	Los siete pecados capitales
17 abril	Los siete pecados capitales
19 abril	El conde de Montecristo
20 abril	El conde de Montecristo
21 abril	El conde de Montecristo
22 abril	Vindicator
23 abril	Vindicator
26 abril	Vindicator
27 abril	Juan José
30 abril	Charlot en el sol
5 mayo	El misterio de la doble cruz
6 mayo	El misterio de la doble cruz
7 mayo	El misterio de la doble cruz
8 mayo	Perlas y diamantes
12 mayo	Perlas y diamantes
14 mayo	Perlas y diamantes
17 mayo	Perlas y diamantes
19 mayo	Los peligros de la montaña del trueno
20 mayo	Los peligros de la montaña del trueno
21 mayo	Los peligros de la montaña del trueno
22 mayo	Los peligros de la montaña del trueno
24 mayo	Los peligros de la montaña del trueno
25 mayo	El médico de las locas
27 mayo	El médico de las locas
28 mayo	El médico de las locas
29 mayo	El médico de las locas

Temporada 1920 – 1921	
1920	
15 septiembre	La moneda rota
18 septiembre	La moneda rota
21 octubre	El terror del rancho
17 noviembre	El rey del circo
1921	
25 enero	La nueva misión de Judex
11 febrero	Una ley para todos
11 marzo	Charlot en un día de placer
17 marzo	El amante de la luna
25 abril	El submarino U-35
10 mayo	El hombre de hierro
Temporada 1921 – 1922	
1922	
11 febrero	El correo de Washington
22 febrero	Ladrones del gran mundo
8 marzo	La gran jugada
15 marzo	Bufallo Bill
26 abril	El fantasma implacable
Temporada 1922 – 1923	
1922	
23 septiembre	Minerva o la ciudad perdida
11 octubre	Las dos niñas de París
10 noviembre	La gran recompensa
1923	
5 enero	Elmo el poderoso
27 enero	Imperio
9 febrero	La golondrina de acero
21 febrero	La Atlántida
3 abril	Películas científicas
18 abril	La huerfanita
24 abril	La amordazada (7 episodios)
17 mayo	Oro negro

BIBLIOGRAFÍA.

AYALA, José Antonio: *La masonería en la Región de Murcia*. Ed. Mediterráneo, Murcia, 1986.

BAPST, Germain: *Essai sur l'histoire des panoramas et des dioramas*. Imprimerie Nationale, París, 1891.

BREWSTER, David: *The stereoscope. Its history, theory and construction*. John Murray Publisher, Londres, 1856.

CÁNOVAS BELCHÍ, Joaquín T.: CERÓN GÓMEZ, Juan Francisco (Coord.), *Murcianos en el Cine*, Cajamurcia, Murcia, 1990.

CÁNOVAS BELCHÍ, Joaquín T.: *Reinauguración del Cine Rex, 30 de Octubre de 1991*, Novograf, Murcia, 1991.

CERDAN CASADO, Antonio: *Historiografía del teatro en Águilas*. Ayuntamiento de Águilas, Águilas, 1986.

CERÓN GÓMEZ, Juan Francisco: "El cinematógrafo en Murcia (1896-1914)", en *Primeros tiempos del Cinematógrafo en España*. Coord. DE LA MADRID, J.C., 1996.

CERÓN GÓMEZ, Juan Francisco – MARTÍNEZ GONZÁLEZ, Jesús: *Cien años de cine en Lorca*. Universidad de Murcia – Primavera cinematográfica de Lorca, Murcia, 1999.

CHILD BAYLEY, Roger: *Modern magic lantern and their management*. Upcott Gill, Londres, 1869.

COSTA, Antonio: "Méliès y el cine francés de los orígenes (1896-1908)" en *Historia General del Cine*. Volumen I, Cátedra, Madrid, 1998.

CRESPO, Antonio: *XXV Años de Cine Amateur en Murcia*, CAAM, Murcia, 1978.

DALL'ASTA, Monica: "Los primeros modelos temáticos del cine" *Historia General del cine. Ed. Cit.*

DE PACO NAVARRO, José (Coord.): *Historia del Cinematógrafo de la Región de Murcia*, Semana de Cine Español de Mula, 2005.

DÉPARTAMENT DE L'HERAULT. *Conseil Général. Rapport du préfet et annexes*. Ricard Freres Imprimeurs, Montpellier, 1878.

DÉPARTAMENT DE L'HERAULT. *Conseil Général. Session de décembre 1877. Procés verbaux des delibérations*. Ricard Freres Imprimeurs, Montpellier, 1878.

DÉPARTAMENT DE L'HERAULT. *Conseil Général.1re Session ordinaire de 1879*. Ricard Freres Imprimeurs, Montpellier, 1878.

DÉPARTAMENT DE L'HERAULT. *Rapport de la Commission départamentale. 2me Session Ordinaire de 1878*. Ricard Freres Imprimeurs, Montpellier, 1878.

DU MONCEL, Théodore: "Projection des principaux phénomènes de l'optique". *Mémoires de l'Académie Impériale des Sciences, Arts et Belles Lettres de Caen*, Imprimeur de l'Academie, Caen, 1856.

EVANS, Henry R.: *The old and the new magic*. Open Court Publishing, Chicago, 1906.

FERNÁNDEZ FÚSTER, Luis: *Historia general del turismo de masas*. Alianza, Madrid, 1991.

GARCIA ANTON, José: *Estudios históricos sobre Águilas y su entorno*. Academia Alfonso X el Sabio, Murcia, 1992.

GRAVESANDE, Willem Jacob: *Physices elementa mathematica*, Leiden, 1725.

GUYOT, Edmé–Gilles: *Nouvelles récréations physiques et mathématiques*. París, 1799.

GRIS MARTÍNEZ, Joaquín: *The Great Souhtern of Spain Railway Company Limited. 1887 – 1936. Ferrocarriles de Lorca a Baza y Águilas*. Asociación Cultural Amigos del Ferrocarril, Águilas, 2000.

GUILLEN RIQUELME, Mariano: *Mazarrón 1900.* Ayuntamiento de Mazarrón, Mazarrón, 1997.

GUNNING, Tom: "Prima del documentario: il cinema non fiction delle origini e l'estetica della veduta" en *Historia general del cine. Ed. Cit.*

GUTIÉRREZ LLORET, Rosa Ana: "La época de la Restauración" en *Historia de Alicante.* ed. cit.

HUYGENS, Christiaan: *Oeuvres Complètes* Volume IV (1662-63), Société hollandaise des sciences, La Haye, 1891.

KRACAUER, Siegfried: *Teoría del cine.* Paidós, Barcelona, 1989.

MARCY, Lorenzo J.: *The Sciopticon manual, explaining lantern projections in general and sciopticon in particular.* James & Moore, Filadelfia, 1877.

McALLISTER: *Catalogue of Stereopticons, dissolving views apparatus and magic lanterns.* Nueva York, 1867.

MILLARD, Andre J.: *America on record: a history of recorded sound.* Cambridge, Cambridge University Press, 1995.

MONTGOMERY WARD & Co: *Magic lanterns and stereopticons.* Chicago 1880.

MORENO SAEZ. Fernando: "La ciudad en el primer tercio del siglo XX", en *Historia de Alicante.* Patronato V Centenario, Alicante, 1990.

MUÑOZ ZIELINSKI, Manuel: *Inicios del Espectáculo Cinematográfico en la región Murciana,* Academia Alfonso X el Sabio, Murcia, 1985.

—————: *Lorca. En los tiempos del cine mudo.* Ed. del autor. Murcia, 1999.

NARVÁEZ TORREGROSA, Daniel C. – CERÓN GÓMEZ Juan Francisco: "Inicios del cinematógrafo en Valencia y Murcia"

Artigrama. Revista del Departamento de Historia del Arte (Universidad de Zaragoza) nº 16 Zaragoza (2001).

——————: "José María Marín. Memoria de un cineasta" en LAHOZ RODRIGO, J. I: *A propósito de Cuesta. Escritos sobre los comienzos del cine español. 1896 – 1920.* Ediciones de la Filmoteca, Valencia, 2010.

——————: "La consolidación del espectáculo cinematográfico: Alicante (1902 – 1918)" en SAIZ VIADERO, José Ramón: *La exhibición cinematográfica en España. De los barracones de feria a los palacios del cine.* Gobierno de Cantabria, Santander, 2009.

——————: "La primera producción en Alicante y la Empresa Marín" en SAIZ VIADERO, J.: *Los primeros rodajes cinematográficos en España.* Consejería de Cultura, Santander, (España), 2005.

——————: "Realizaciones cinematográficas en Alicante (1902 – 1903)" en RUIZ ROJO, J. (Coord.): *En torno al cine aficionado.* Diputación de Guadalajara, Guadalajara, 2007.

——————: "Una nueva percepción de la imagen: cine y sociedad en Alicante: 1896 – 1920" en VV. AA.: *La construcciò del public dels primers espectacles cinematografics* Museo del Cinema Tomas Mallol – Ajuntament de Girona (España), 2003.

——————: *Los inicios del cinematógrafo en Alicante. 1896 – 1931,* Filmoteca de la Generalitat Valenciana, Valencia, 2000.

NAVARRO GARCÍA, Juan: *La vara y el escudo. Alcaldes de Águilas en el siglo XX.* Ayuntamiento de Águilas, Murcia, 1994.

OLIVA, César: *Breve historia del Teatro Romea de Murcia,* Ayuntamiento de Murcia, Concejalía de Cultura y Festejos, Murcia, 1999.

ORTIZ–VILLAJOS, José María: *Tecnología y desarrollo económico en la Historia Contemporanea. Estudios de las patentes registradas en España entre 1882 y 1935.* Oficina de Patentes y Marcas, Madrid, 1999.

RAMOS HIDALGO, Antonio: *Evolución urbana de Alicante.* Instituto Juan Gil Albert, Alicante, 1984.

RÍOS CARRATALÁ, José Antonio: "La cultura durante el siglo XIX" en *Historia de Alicante.* ed. cit.

SADOUL, George: *El cine, su historia y su técnica.* F.C.E., México, 1952

——————: *Las maravillas del cine.* F.C.E. México, 1960.

SÁNCHEZ MARROYO, Fernando: "Extremadura" en VARELA ORTEGA, José (Dir.): *El poder de la influencia. Geografía y caciquismo en España (1875 – 1923).* Marcial Pons, Madrid, 2001.

SANCHEZ VIDAL, Agustín: *Los Jimeno y los orígenes del cine en Zaragoza.* Ayuntamiento de Zaragoza, Zaragoza, 1994.

TRUTAT, Eugene: *La photographie animée.* Imprimerie Gauthier – Villars, París, 1899.

VERA NICOLÁS, Pascual: *Empresa exhibición cinematográfica en Murcia (1895-1939),* Real Academia Alfonso X el Sabio, Murcia, 1991.

——————: *Los comienzos del cine sonoro en Murcia* (Edición digital), Biblioteca Virtual Miguel de Cervantes, Alicante, 2002.

VILAR, Juan Bautista: *Un siglo de protestantismo en España. Águilas – Murcia, 1893 – 1979.* Universidad de Murcia, 1979.

VV.AA: *Minerales de la Región de Murcia.* Asociación A.D.N.C.P.M., La Unión, 1996.

WILSON, Edward: *Lantern journeys. A series of descriptions.* Edward Wilson, Nueva York, 1888.

ARTÍCULOS.

BORONAT CALATAYUD, Angel María: "El cine en Aspe" UPANEL (Aspe) nº 5/6 (Primavera 1985).

DIAZ MARTINEZ, Luis: En "La minería en Águilas" *Cuadernos de temas aguileños,* (Águilas) n° 5 (1999).

———————: "La minería en Águilas: Los Marín Menú" *Cuadernos de temas aguileños.* n° 5 (Águilas) 1999.

DONNET PAREJA, Baldomero: "Puertos menores de Murcia" *Revista de Obras Públicas.* N° 1.830 (1910).

GIFFARD P.: "El fonógrafo" *Revista de Cuba,* La Habana, 1878, Tomo IV.

"La Fantasmagoría", *Semanario pintoresco,* Madrid, 8 de enero de 1837.

"Las Minas de Polonia" *Minerva o El revisor general.* Vega y Compañía, Madrid, 1805.

RAVE, Antonio: "El estereóscopo", *La Abeja, revista científica y literaria ilustrada.* Tomo II, Barcelona, Juan Oliveras Editor, 1863.

RUBIO GARCÍA, Luis: "Documentos para la historia del teatro en Murcia", en *Murgetana* N° 94, 1997.

ARTÍCULOS ELECTRÓNICOS.

Eladio González Jover: "Personajes petrerenses (II): Gabriel Payá, apuntes para su centenario", disponible en www.petreraldia.com/reportajes/personajes-petrerenses-ii-gabriel-paya-apuntes-para-un-centenario.html/3

Jody Rosen: "Researchers play tune recorded before Edison" *The New York Times,* 27 de marzo de 2008, disponible en: www.nytimes.com/2008/03/27/arts/27soun.html?_r=8

José Manuel Collados Vaillard: "Oscar Vaillard y la Exposición Universal de París de 1900" Website: www.exposicionparis1900.blogspot.com.es

PRENSA HISTÓRICA.

ABC, Madrid.
Alicante Artístico, Alicante.
Alicante Obrero, Alicante.
Archives Commerciales de la France, París.
Boletín de Loterías y Toros, Madrid.
Boletín Oficial de la Provincia de Murcia, Murcia.
Boletín Oficial de la Provincia de Oviedo, Oviedo.
Cartagena Nueva, Cartagena.
Crónica de Badajoz, Badajoz.
Diari Catala, Barcelona.
Diario de Córdoba, Córdoba.
Diario de Madrid, Madrid.
Diario de Reus, Reus.
Diario de San Sebastián, San Sebastián.
Diario de Soria, Soria.
Diario oficial de avisos de Madrid, Madrid.
Diario Noticioso Universal, Madrid.
Eco Artístico, Madrid.
El Ateneo, Alicante.
El Combate, Novelda.
El Constitucional, Alicante.
El Diablo Suelto, Barcelona.
El Ebro, Logroño.
El Eco de Cartagena, Cartagena.
El Eco de la Provincia, Alicante.
El Eco de Navarra, Pamplona.
El Español, Madrid.
El Espectador, Alicante.
El Faro Cartaginés, Cartagena.

El Globo, Madrid.
El Graduador, Alicante.
El Heraldo de Castilla, Burgos.
El Imparcial, Madrid.
El Liberal Navarro, Pamplona.
El Liberal, Murcia.
El Luchador, Alicante.
El Madrileño, Madrid.
El Magisterio Balear, Palma.
El Municipio, Alicante.
El Museo Universal, Madrid.
El Noroeste, La Coruña.
El Nuevo Alicantino, Alicante.
El Pájaro Azul, Barcelona.
El Papa-moscas, Burgos.
El Periódico Lagunero, Tenerife.
El Popular, Alicante.
El Porvenir de León, León.
El Pueblo de Alicante, Alicante.
El Pueblo Manchego, Albacete.
El Reservista, Madrid.
El Restaurador, Tortosa.
El semanario murciano, Murcia.
El Serpis, Alcoy.
Gaceta de Madrid, Madrid.
Gaceta Minera y Comercial, Cartagena.
Heraldo Alavés, Vitoria.
Heraldo de Alicante, Alicante.
Heraldo de Murcia, Murcia.
Industria e Invenciones, Barcelona.
Journal de Tournon, Tournon.

L'Emporio Pittoresco, Milán.
L'Europe Artiste, París.
La Correspondencia Alicantina, Alicante.
La Correspondencia de Alicante, Alicante.
La Correspondencia de España, Madrid.
La Correspondencia Militar, Madrid.
La Crítica, Alicante.
La Época, Madrid.
La España, Madrid.
La Iberia, Madrid.
La Imprenta, Barcelona.
La Juventud Literaria, Alicante.
La Lealtad, Alicante.
La Lucha, Gerona.
La Mañana, Madrid.
La Opinión, Tarragona.
La Paz, Murcia.

La Prensa, Santa Cruz de Tenerife.
La Provincia, Alicante.
La Provincia, León.
La publicidad, Barcelona.
La Revelación, Alicante.
La Unión Democrática, Alicante.
La Vanguardia, Barcelona.
La Voz del Pueblo, Cartagena.
Las Circunstancias, Alicante.
Las Provincias, Murcia.
Las Provincias, Valencia.
Madrid Cómico, Madrid.
Mundo Gráfico, Madrid.
República, Cartagena.
Revista de Andalucía, Sevilla.
Revista de Aragón, Zaragoza.
Revista de Cataluña, Barcelona.
Revista de España, Madrid.

RECURSOS WEB.

Archives Départementales de l'Hérault. Website: http://pierresvives.herault.fr/

Archives Départamentales de Gironde: http://archives.gironde.fr

Archivo Histórico de la Oficina Española de Patentes y Marcas. Website: http://historico.oepm.es/archivohistoricow3c/index.asp

Archivo Municipal de Cartagena. Website: www.archivo.cartagena.es

Archivo Municipal de Murcia. Website: www.archivomurcia.es

Biblioteca Nacional de España. Hemeroteca Digital. Website: www.hemerotecadigital.bne.es

Biblioteca Virtual de Prensa Histórica. Website: www.prensahistorica.mcu.es

Bibliothèque Nationale de France. Website: www.gallica.bnf.fr

Boletín Oficial del Estado. Gazeta: Colección histórica. Website: www.boe.es/buscar/gazeta.php

Congreso de los Diputados: *Histórico de Diputados 1810 - 1977*. Website: http://www.congreso.es

Filmoteca Española. Website: www.mcu.es/cine/CE/Filmoteca/Filmoteca.html

Google Patents. Website: www.google.com/patents

Internet Archive – Digital Library. Website: www.archive.org

Releves Ardeéchois. Website: http://releves.free.fr

Senado de España. Website: www.senado.es

Universidad de La Laguna. Servicio de biblioteca. Prensa Histórica. Website: www.ull.es/view/institucional/bbtk/Prensa_canaria_digitalizada/es